当代大学生劳动教育与综合素养提升研究

董亭亭 著

吉林出版集团股份有限公司
全国百佳图书出版单位

图书在版编目（CIP）数据

当代大学生劳动教育与综合素养提升研究 / 董亭亭
著. -- 长春 : 吉林出版集团股份有限公司, 2023.5
　ISBN 978-7-5731-3448-6

　Ⅰ.①当… Ⅱ.①董… Ⅲ.①大学生—劳动教育—研
究②大学生—素质教育—研究 Ⅳ.①G40-015②G640

中国国家版本馆CIP数据核字(2023)第106549号

当代大学生劳动教育与综合素养提升研究

DANGDAI DAXUESHENG LAODONG JIAOYU YU ZONGHE SUYANG TISHENG YANJIU

著　　者　董亭亭
出 版 人　吴　强
责任编辑　孙　璐　王　博
开　　本　787 mm × 1092 mm　1/16
印　　张　8
字　　数　170千字
版　　次　2023年5月第1版
印　　次　2023年8月第1次印刷

出　　版　吉林出版集团股份有限公司
发　　行　吉林音像出版社有限责任公司
　　　　　（吉林省长春市南关区福祉大路5788号）
电　　话　0431-81629679
印　　刷　三河市嵩川印刷有限公司

ISBN 978-7-5731-3448-6　　定　　价　58.00元

前　言

　　大学生是推动社会进步的栋梁之才。当代大学生肩负着中华民族复兴的伟大使命，为了使他们适应社会现代化发展的要求，进一步促进大学生的全面发展，就必须加强对大学生的劳动教育，引导大学生弘扬劳动精神，崇尚劳动，尊重劳动，懂得劳动最光荣。与此同时，随着时代经济的快速发展，我国对高素质人才的需求量越来越大。高校除了劳动教育外，要积极重视大学生的综合素质教育工作，旨在不断提高大学生的综合素质。

　　本书针对当代大学生综合素质现状，从劳动发展的趋势和大学生群体的特征两方面阐明了新时代大学生劳动教育的时代背景，并深入探讨了新时代大学生劳动教育的独特价值，以有效提升当代大学生的综合素质。

　　本书在撰写过程中得到了许多同行专家的支持和帮助，在此表示衷心的感谢；同时，还参考了很多的相关著作和文献资料，在此向有关作者表示由衷的感谢。

　　由于作者水平有限，书中难免存在错误或不妥之处，恳请读者批评指正。

作者

2023 年 1 月

目　　录

第一章　大学生劳动精神与劳动观念

第一节　培养和践行劳动精神

劳动的过程中，就会存在和产生劳动精神，这与马克思主义劳动观是一致的。劳动创造了人类，创造了物质财富，创造了社会关系，创造了美，也创造了精神。人们在长期的劳作过程中发现，只有勤奋劳动，才会收获丰厚的果实。只有热爱劳动，才会享受到心情的愉悦。只有尊重劳动和珍惜劳动成果，才会有成就感和满足感。勤奋诚信的品质、热爱劳动的态度、尊重劳动和珍惜劳动成果的理念被劳动者所认可，并通过言传身教代代传承下来，最终形成广大劳动者共识的劳动精神。

一、劳动精神的内涵与发展

劳动精神是与人们的职业活动紧密联系、具有自身职业特征的精神，这种心理特征是在特定职业环境下所必备的，也是逐渐养成和习得的，与所从事的职业特征紧密相连，既具备职业的特殊性，也具备一些共性的基本职业素养。

劳动推动了人类社会进步，创造了人们的幸福生活。劳动精神是每一位劳动者在创造美好生活的过程中的劳动态度、劳动能力、劳动观念以及时代精神风貌。即从事这种劳动该具备的精神、能力和自觉。劳动精神是关于劳动的理念认知和行为实践的集中体现，在理念认知上表现为全社会尊重劳动、崇尚劳动、热爱劳动；在行为实践上表现为劳动者勤俭劳动、诚实劳动、创造性劳动。

（一）中华传统文化中的劳动精神

劳动精神是中华民族在创造历史中凝聚而成的精神品质。千百年来，黄河和长江以源源不断、生生不息的河水滋润了亿万亩肥沃的良田，造就了中华五千年文明。我国古代劳动者正是在农耕过程中凝聚形成了乐观进取的精神状态、勤俭耕耘的精神品质、热爱劳作生活的精神面貌。辛勤的品质、热爱劳动的态度、尊重劳动和珍惜劳动成果的理念被劳动者所认可，成为代代传承的劳动精神。

"锄禾日当午，汗滴禾下土。谁知盘中餐，粒粒皆辛苦。"唐朝诗人李绅写的这首《悯农》朗朗上口。前两句形象地描绘了唐朝时期，劳动人民辛勤农耕的场景，具有强烈的画面感。可以想象出这样的画面：在烈日炎炎的午后，一个农民拿着锄头给禾苗松土除草，他额头上的汗水一滴滴地往下流，与土地融为一体。"锄禾"是劳动的过程，"汗滴"是劳动者在劳动时的外在体现。后两句是中国传统的治家格言，用强烈的对比手法表达出了"尊重劳动者、珍惜劳动成果"的精神品质。将人们每天都接触的"盘中餐"与农民的辛勤汗水联系起来，展现了农民在劳作过程中的辛劳与朴实。

劳动精神是中华民族在创造历史中凝聚而成的精神品质。千百年来，源源不断、生生不息的黄河和长江滋润了亿万亩肥沃的良田，创造了中华五千年的文明。王维在《春中田园作》中写道："屋上春鸠鸣，村边杏花白。持斧伐远扬，荷锄觇泉脉。"春天来了，斑鸠早早飞来村庄，在屋檐不时鸣叫，村中的白色杏花也早早盛开。农民听到斑鸠的鸣叫，看到雪白的杏花，按捺不住拿起斧子开始修剪桑枝，扛起锄头去察看泉水的通路。古时候，这种劳动被叫作整桑理水，是经冬以后最早的一种劳动，拉开了整年农事的序幕。

（二）社会主义新时代劳动精神

新时代劳动精神是中国劳动人民为创造美好生活、实现中国梦在劳动过程中秉持的劳动态度、劳动理念、劳动技能以及展现出的劳动精神风貌。在马克思主义指导下，广大劳动者根植于中国特色社会主义实践沃土，继承中华优秀传统文化，形成了中国特色社会主义劳动精神。新时代劳动精神，呈现尊重劳动的价值导向性、劳动创造的实践创新性、劳动光荣的精神幸福性，是全社会对新时代劳动的实践礼赞。[①]

新时代劳动精神内涵丰富，彰显了马克思主义劳动观中国化和中华民族传统劳动理念的延续。

1. 热爱劳动

热爱劳动就是要爱岗敬业。"爱岗"的价值在于"做事"，"敬业"的意义在于"奉献"。我们在劳动过程中应尽其所能爱岗敬业，通过劳动创造属于自己的幸福，实现自己的人生价值，热爱劳动、爱岗敬业、奉献社会。

劳动是财富的源泉，也是幸福的源泉。劳动满足了人们对于温饱的需求，也提升了生活品质，更缔造了人类的幸福。从"两弹一星"、杂交水稻到基因组芯片，从第一代计算机银河到今天的互联网大数据，这些都是无数劳动者爱岗敬业的成果。清洁环卫工人爱岗敬业，使我们生活的环境干净美丽；产业工人爱岗敬业，促进了企业不断发展，为富民强国提供了雄厚的物质基础……我们应尽其所能爱岗敬业，在平凡的岗位上作出力所能及的贡献。

"干一行，爱一行"是一种优秀的职业品质，是我们应该遵从的基本价值观，是一种明智的人生选择和追求。一个人能否脱颖而出，优秀的能力固然重要，更需要积极进

---

① 彭远威，张锋兴，李卫东. 高职生劳动教育教程[M]. 桂林：广西师范大学出版社，2020：58-59.

取的态度。"干一行,爱一行"告诉我们要有百折不挠的精神,一个人要达到事业、人生的顶点必定要经历系列的磨难,山再高,每天坚持攀登,终能登顶。每克服一个困难,自身的水平就上升到一个新的高度,同时距离成功就又近了一步。

劳动精神是美好生活的原动力。我们的幸福生活离不开父母的劳动,更离不开各行各业劳动者的爱岗敬业。任何人的劳动,都理应受到称赞;任何人的劳动,都应该得到尊重。

2. 勤俭劳动

勤俭和节约是中华民族的传统美德,也是最原始的劳动精神。勤俭和节约是中华民族在五千年的历史长河中凝聚而成的劳动精神。在新时代,勤俭和节约的劳动精神对中华民族更加重要,它体现了中华民族在新时代的生活态度、精神风貌和民族品质。

勤俭劳动主要表现为努力创造物质和精神财富,朴素节约,珍惜劳动成果。勤劳节俭是中国人最基本的道德规范之一,无论从国家、社会还是个人层面都应该是大学生的精神追求。"劳动是幸福的左手,节俭是幸福的右手"。我国劳动人民在长期的实践中,懂得了勤劳与节俭的辩证关系,他们既能吃苦,又能克勤克俭。勤劳与节俭是一对孪生兄弟。老子在《道德经》中说:"俭,故能广。"在《论语》中,孔子也认为奢华就会显得不谦逊,节俭则会显得朴素。正是在这种美德滋养下,才构筑了生生不息、源远流长的华夏文明。纵观世界历史,大到邦国,小到家庭,无不是兴于勤俭,亡于奢靡。勤劳节俭的精神也是中华民族屹立于世界民族之林的核心竞争力。当今大学生在生活中,要珍惜每一粒粮食、每一滴水、每一度电,以勤俭遏制奢靡,学会劳动,学会勤俭。

3. 诚实劳动

诚实劳动是劳动敬业的表现,也是劳动创新的前提。诚实友善是社会主义思想的基本内容之一,我们崇尚劳动、尊重劳动,更要认真地付出劳动、从事劳动。以诚为先、以诚为重、以诚为美,才是劳动应有之义。人生中的美好向往,只有通过诚实劳动才能实现;社会发展中的各种难题,只有通过诚实劳动才能破解;生命里的价值目标,只有通过诚实劳动才能实现。

普通人的劳动有尊严,平凡的劳动有价值。劳动不仅可以创造价值,也是人们实现自我认同和社会认同的过程。每个人都可以是"平凡英雄",在平凡的岗位上坚守,就能造就"不平凡";在普通人的位置上努力,也能变得"不普通"。劳动创造了产品,创造了美,创造了社会,创造了自己的生活,也创造了他人的生活。

诚实劳动,是每一个劳动者尽己所能的劳动,也是每一个劳动者内心与言行一致的最好诠释。诚实劳动,需要每一个劳动者朝着同一个梦想而努力奋斗,需要每一个劳动者为了美好明天而真诚地付出。建筑工地上挥洒汗水的工人,田野里辛勤耕种的农民,严寒酷暑下指挥交通的警察，三尺讲台上讲授知识的教师，埋首实验室苦心钻研的科学家……我国的辉煌成就，就是大家用诚实的劳动铸就的。没有诚实的劳动，就没有创新创造；没有诚实的劳动，就没有我们今天的幸福生活。诚实劳动，是创造"中国奇迹"的源泉和动力，是迎接挑战、战胜困难的法宝利器，是焕发劳动热情和创新活力的基础，是走向幸福生活的必由之路。[①]

靠自己的劳动生活才最踏实。"空谈误国，实干兴邦"，实干首先就要脚踏实地的劳动。只有通过不断挑战自我，才能不断创新发展。任何时代，任何社会，社会财富的增长主要来源于诚实劳动。每个诚实劳动的人都应该受到尊敬。劳动光荣，劳动伟大，每个踏实做人的人都应该得到尊重。

4. 奋斗创新

奋斗和创新不是新时代才有的，它们是中华民族在璀璨历史中凝聚而成的劳动精神，是我们不断继承和发展而来的。奋斗与创新是相辅相成的。一切劳动，无论是体力劳动还是脑力劳动，都值得尊重和鼓励；一切创新，无论是个人创新还是集体创新，也都值得尊重和鼓励。奋斗意味着一种回归，即对劳动的尊重。新时代是平凡劳动者做主角的时代，而奋斗正是劳动者的精神品质。新时代的劳动者不是普通意义上的劳动者，他们是具有文化自信的劳动者，是精神生活丰盈的劳动者。劳动不仅是生存的需要，更是拥有幸福人生、完成自我超越、实现社会价值的需要。社会主义事业大厦是靠一砖一瓦砌成的，人民的幸福是靠一点一滴创造得来的。在新时代，实现中国梦不是靠"空谈"，而是要"撸起袖子加油干"。南泥湾的开荒，超级稻的攻关，把浩瀚原野变成万顷良田，让十几亿中国人把饭碗牢牢端在自己手里。中国的劳动者中既有"出大力流大汗""苦干加实干"的劳动模范，又有知识型、专业型、技能型、创新型的先进典型。他们的事迹在历史发展的长河中画上了浓墨重彩的一笔，他们身上所体现的劳动精神始终熠熠生辉。

奋斗和创新是新时代中华民族显著的劳动精神。新时代中国要发展，就需要有创新和奋斗的劳动精神，它们体现了中国人民为实现中华民族伟大复兴的中国梦的决心和毅力。要树立"三百六十行，行行出状元"的科学人才观，要广泛开展劳动竞赛、技术比武和岗位建功活动，引导广大劳动者热爱岗位、提升技能、焕发创新活力、释放创造潜能，为劳动托起中国梦作出新贡献。需要无数最平凡的劳动者尽自己最大的努力兢兢业业地筑造，必须牢固树立劳动最光荣、劳动最崇高、劳动最伟大、劳动最美丽的观念。崇尚劳动，造福劳动者，进一步激发亿万人民的劳动热情，通过劳动创造更加美好的生

---

① 教育部职业技术教育中心研究所. 劳动教育读本[M]. 北京：高等教育出版社，2021：51-52.

活。①创新不是天上掉馅饼，而是中国劳动人民在勤勤恳恳的工作中改变思维、探索未知、追求突破的结果。

二、劳动精神的基本要素

社会主义劳动精神是由多种要素构成的。这些要素分别从不同方面反映着社会主义劳动精神的特定本质和基础，同时又相互配合，形成严谨的劳动精神模式。

（一）劳动理想

社会主义劳动精神所提倡的劳动理想，是主张社会主义社会的劳动者应该把服务社会放在首位，努力做好本职工作，全心全意为人民服务、为社会主义服务。这种劳动理想，是社会主义劳动精神的灵魂。一般说来，从业者对劳动的要求可以概括为维持生活、完善自我和服务社会三个方面。人们只有从服务社会的整体利益出发，从事社会所需要的各种劳动，社会才能顺利地前进和发展，全社会的人民才能过上幸福美满的生活。

（二）劳动态度

树立正确的劳动态度是劳动者做好本职工作的前提。劳动态度具有经济学和伦理学的双重意义，它不仅揭示劳动者在劳动生活中的客观状况，参与社会生产的方式，同时也揭示劳动者的主观态度。其中，与劳动有关的价值观念对劳动态度有着特殊的影响。一个劳动者积极性的高低和完成劳动质量的好坏，在很大程度上取决于他的劳动价值观念。劳动态度要践行社会主义核心价值观。

（三）劳动责任

劳动责任包括劳动团体责任和劳动者个体责任两个方面。现代企业制度不仅正确划分了国家与企业的责、权、利，并将三者有机地结合起来，而且也规定了企业与劳动者的责、权、利。自觉树立劳动责任意识，在劳动者的劳动生活中起着巨大的作用，贯穿于劳动行为过程的各个阶段，成为劳动者重要的精神支柱。要促使劳动者把客观的劳动责任变成自觉履行社会主义的道德义务，这是社会主义劳动精神的一个重要内容。

（四）劳动技能

在社会主义现代化建设中，职业对劳动技能的要求越来越高。不但需要科学技术专家，而且迫切需要受过良好职业技术教育的高、中、初级技术人员、管理人员、技工和其他具有一定科学文化知识和技能的熟练劳动者。没有这样一支高素质技术技能劳动者大军，先进的科学技术和先进的设备就不能成为现实的社会生产力。各级科技人员之间

---

① 教育部职业技术教育中心研究所. 劳动教育读本[M]. 北京：高等教育出版社，2021：54.

以及科技人员和高素质技术技能工人之间都应有恰当的比例，生产建设才能顺利进行。良好的劳动技能具有深刻的劳动精神价值。

（五）劳动信誉

劳动信誉是对劳动行为的社会价值所做出的客观评价和正确的认识，是劳动行为的价值体现或价值尺度。同时，劳动信誉又要求劳动者提高劳动技能，遵守劳动纪律。社会主义劳动精神强调劳动信誉，更重视把社会的客观评价转化为劳动者的自我评价，促使劳动者自觉发扬社会主义劳动精神，自觉践行社会主义核心价值观。

（六）劳动作风

劳动作风是劳动者在劳动实践中所表现的一贯态度，从总体上看，劳动作风是劳动精神在劳动者劳动生活中的习惯性表现。社会主义劳动作风具有潜移默化的教育作用。劳动集体有了优良的劳动作风，劳动者就可以互相教育，互为榜样，形成良好的劳动风尚。[①]

三、弘扬劳动精神的价值和意义

自古以来，热爱劳动、珍惜劳动成果，是中华民族传的传统美德。在劳动实践中，大学生传承中华民族勤劳俭朴的品质和艰苦奋斗的美德，培植家国情怀，在劳动精神驱动下，具有爱国之情、报国之志，成为建设之才，使中华民族伟大复兴中国梦在一代又一代的接力奋斗中变为现实。

（一）劳动精神是中华民族得以生存和发展的精神追求

中华民族是以辛勤劳动著称的民族。劳动精神孕育于劳动实践中，凝聚了中国优秀传统文化、革命文化和社会主义先进文化，并在追梦的新时代不断传承、创新和发展，继续书写着中华民族的辉煌历史。劳动精神反映了中华儿女勤劳创造、艰苦奋斗、热爱劳动、崇尚劳动、尊重劳动，珍惜劳动成果的精神面貌、价值追求和优良品德，成为中华民族独特的精神特质，是中华民族得以生存和发展的精神追求，也是中国人树立文化自信的历史基点。

（二）劳动精神是弘扬社会主义核心价值观的内在需求

新时代是百年未有之大变局的时代，我们面临着诸多挑战。随着全球化的深入开展以及我国改革开放的不断推进，国外各种思潮涌动，一些错误思想思潮涌入中国，对当代大学生的世界观、人生观、价值观也带来了一定冲击。

---

① 王官成，徐飙. 劳动教育和职业素养训练[M]. 北京：中国人民大学出版社，2020: 102-104.

弘扬劳动精神，是抵制这些错误思想思潮，树立正确的世界观、人生观和价值观的法宝之一。新时代需要劳动精神，是国际形势多变而复杂的外在要求，是弘扬社会主义核心价值观的内在需求，也是实现中华民族伟大复兴中国梦的主体需要。

（三）劳动精神成就大学生的精彩人生

"社会主义是干出来的，新时代也是干出来的。"这句话简单明了地阐释了新时代劳动精神的真义。精彩人生不是想象出来的，是通过勤劳奋斗、努力拼搏而来的；是大学生在校刻苦学习、勤奋读书、努力钻研的结果，是工人在工作中爱岗敬业、兢兢业业、脚踏实地的结果，是劳动人民在生活中热爱劳动、尊重劳动、珍惜劳动成果的结果。

不同的人在不同的成长阶段，对精彩人生的理解是不同的。精彩人生要放在一定的历史条件和时代背景下讨论才有意义。要深入理解精彩人生，应该从个人价值与社会价值的关系出发去寻找答案。社会是人类在实践过程中形成的各种联系和关系的总和。社会来源于个人的活动，并在个人的活动中形成。社会活动和发展要以社会发展为前提和背景。个人不可能离开社会而生存，而离开了人，社会也就不存在了。新时代大学生正处于"追梦时代"，应当把个人梦想与中国梦紧密结合在一起，投身到社会主义现代化建设的实践中。积极参加劳动，努力工作，爱岗敬业，勤俭节约，奋斗创新，弘扬劳动精神，争当时代先锋，在追梦中实现自我价值，最终实现社会价值与自我价值的统一。

大学生应该传承中华民族优秀传统，传承勤俭、节约、奋斗、创新的劳动精神，树立正确的劳动观，形成优良的劳动品质，实现社会价值和个人价值双赢，成就精彩人生。[①]

四、劳动精神的培养

中国人的劳动精神一代又一代地传承着。树立正确的劳动价值观，弘扬劳动精神，是大学生必须坚守的一种精神追求，也是建立文化自信的一个重要因素。作为新时代大学生，要把自己的前途和国家的命运紧密联系在一起，传承和弘扬劳动精神，脚踏实地，辛勤劳动，不负韶华，砥砺前行。

（一）理论与实践相结合

理论知识的学习会让大学生在认知层面了解什么是劳动精神，怎么培养劳动精神。在实习实训过程中，大学生可以获得其他任何渠道都无法获得的道德实践与体验，尤其是体悟自己未来所从事职业、所在岗位要求的劳动精神。在实习实训过程中，大学生能深刻体会企业文化的魅力，能更进一步理解高效的工作、团结的队伍、进取的精神、敬业的态度等都是决定企业前进的因素。在企业见习和社会实践中，大学生能真正感受到

---

① 彭远威，张锋兴，李卫东. 高职生劳动教育教程[M]. 桂林：广西师范大学出版社，2020: 62-63.

企业领导人的领导才干和人格魅力，加深对职业人的形象认识，对未来职业会有更明确的认知，巩固对劳动理想、劳动态度、劳动纪律等诸多因素的理解。通过参观、实习、见习、志愿活动等形式培养大学生的劳动精神，使自己提前认识到劳动精神对于一个人职业生涯的重要性。

（二）自我教育和谐统一

1. 加强思想道德素质和心理素质

思想道德素质是劳动素质的灵魂，包括劳动者的政治态度、理想信念和价值观念，给予劳动者正确的行为方向，坚定明辨是非的立场。心理素质是劳动者的基础素质，包括认知、感知、记忆、想象、情感、意志、态度和个性特征。劳动者的心理素质要达到精力旺盛、坚韧不拔、乐观向上等基本要求。

2. 养成良好的劳动习惯

拥有正确的劳动意识并不等同于拥有良好的劳动习惯。任何劳动者的劳动精神都能在日常的工作中得以展现和流露，甚至包括个人的生活习惯也会在劳动生活中表现出来，成为个人劳动精神和劳动素养的真实写照。因此，大学生必须从平时的学习、生活和工作的细节做起，将劳动精神融入平时的学习生活并贯穿始终，自觉培养良好的劳动习惯。

3. 塑造和谐统一的自我环境

大学生是自我教育的主体。在受教育的过程中，大学生接受劳动精神的培养，最大限度地发挥自身潜能，从自身做起，积极调动自己的主动性，坚持通过自身的信念和实际行动影响周围人，将这种真实的感染力和影响力由点及面、由小及大地传播出去，促进身边的人提高自我教育能力。

（三）学好专业技能及培养自身劳动素养

在大学生的学习生涯中，在接受学校理论知识传授和实训教育的同时，也要注重自身劳动素养的内化和自我素质的提升，增强劳动竞争力。大学生要充分地了解自我，认识自我，发掘自己的兴趣，同时又要知晓自己所学专业对应的相关行业的劳动素养，在校期间能有意识地进行自我培养。

1. 学好专业知识和技能

显性劳动素养来自专业知识和技能。要利用学校的教育资源，学好专业知识和技能，认真刻苦、勤于苦练，学好专业基础课程，加强对专业知识和技能的运用，注重专业能力的培养，为自己的专业技术进一步提升打下坚实的基础。要培养良好的学习生活习惯，利用课外业余时间参加各种学术讲座和学生讨论会，多读课外书，提升自己的文化修养。

2. 明确职业生涯规划

隐性劳动素养来自个体的职业道德、职业情感和职业态度等方面。大学生首先要在自我认识和了解专业的基础上，并在教师的指导下明确专业学习的方向，制定切实可行的职业生涯规划，树立崇高的人生目标，并为之坚持不懈地努力。其次，要树立正确的劳动态度和劳动意识。其中包括做好步入社会的心理准备，培养胜任工作的信念，学会用平和的心态，从点滴做起、从基层开始，积极勇敢地看待挫折与批评，不怕困难、不怕磨炼，学会从别人的批评中清楚客观地看待自己，不断提高自己的职业竞争力，不断增强自己的社会责任使命感。

3. 积极参加社会实践

大学生要积极主动参加团体活动和社会实践活动，创造机会培养自身的劳动素养。通过实践活动，增强自身的合作、沟通、组织策划能力，在实践活动中弥补自己在劳动素养中的不足之处，使自己的劳动素养不断提升。总之，大学生理应做好良好的职业生涯规划，并通过亲历实践和体验，最终把职业规范内化成为自身的道德素养，使自身的劳动素养不断升华。

五、努力践行劳动精神

马克思主义关于人的全面发展观强调，造就全面发展的人的唯一方法就是教育和生产劳动相结合。对于劳动精神的培养，需要将理论付诸实践，在实际行动中践行劳动精神，是培养和检验人才质量的根本。

（一）勤学尚德

勤学尚德是新时代大学生弘扬劳动精神的基本要求。首先，劳动精神需要大学生将道德修养放在首位。用人之道在于德才兼备，以德为先。道德修养与劳动精神相辅相成。大学生在践行劳动精神过程中，要将服务精神、担当精神等放在首要位置。大学生要树立远大的理想，将劳动目的与祖国的命运和前途联系起来。有崇高理想的劳动，才能获得成就感和幸福感。其次，劳动精神的精髓在于勤。勤于学习、勤于发问、勤于实践。勤奋努力的过程也是劳动精神的践行过程。大国工匠的养成绝非一日之功，无论什么时候，大学生都需要有一颗谦卑之心，勤学好问。大学生要勤学，练就真本领。学习是每个大学生的主要任务，没有人能随随便便成功，只想坐享其成，最终必是竹篮打水一场空。只有静下心，勤奋读书，钻研技术，磨炼意志，练就真本领，才能够实现远大理想。大学生要尚德，就是要培养自身的道德品质。有真本领，可以让别人服你，但有品德，才能让别人尊重你。

勤学尚德一直以来都是中华民族的优良传统。屈原洞中苦读三年，终成伟大诗人；陆游书巢勤学，勤于创作，一生留下了九千多首作品，成为我国历史上一位杰出的大文学家；顾炎武以过人的毅力手抄《资治通鉴》，成为一代大学者。中华民族能够创造五千年的辉煌历史，绝不是偶然的，而是代代相传的中华儿女艰苦学习、发愤图强的结果。

　　实现中华民族伟大复兴，要靠每一个大学生志存高远、勤学苦练、修德修业。大学生要守护好中华劳动伦理的深厚底蕴，继承并弘扬劳动精神，坚韧不拔，自强不息，必将开创美好未来，创造伟大历史。

（二）大公无私

　　大公无私是新时代大学生弘扬劳动精神的意识体现。新时代大学生是中国劳动者中不可分割的一部分，是实现中华民族伟大复兴中国梦的中坚力量。新时代大学生也正在用实际行动彰显着新时代劳动精神。

　　青年兴则国家兴，青年强则国家强。青年一代有理想、有本领、有担当，国家就有前途，民族就有希望。而今天，无数的大学生，放弃安全区、舒适圈，将所学用于实践，大公无私，以实际行动弘扬着新时代可贵的劳动精神。

（三）实干兴邦

　　实干兴邦是新时代大学生以实际行动弘扬劳动精神的具体路径。德不可空谈，道不能坐论。要直面培养劳动精神途中产生的一切问题，夯实基础，坚韧不拔，相信滴水可以穿石。新时代大学生要将自己的前途与国家命运联系起来，树立远大理想和抱负，以实干兴邦作为自己学习、生活、工作的座右铭，志存高远，坚定踏实，奋发向上，为国家做贡献。实现中华民族伟大复兴是一项光荣而艰巨的事业，需要一代又一代中国人共同为之努力。空谈误国，实干兴邦。新时代劳动精神是中华民族在追梦的实践中展现的精神风貌，这种精神风貌可以用四个字来形容，即实干兴邦。

　　实干兴邦是新时代劳动精神的精华，是中华民族劳动精神的传承和发展。"实"是对空想主义、空谈主义、历史虚无主义的反驳，"干"是勤劳、奋斗、脚踏实地，是继承和发扬中华民族的劳动精神。"兴邦"是理想和目标，是新时代劳动精神的价值导向，具体而言，就是实现中华民族伟大复兴的中国梦。[①]

（四）创新创造

　　时代的发展对劳动创新提出了新要求。中国目前已经进入了"大众创业、万众创新"的时代。作为新时代的大学生，需要时刻保持一颗勇于创新创业的心，这也是劳动精神必备的条件之一。

① 彭远威，张锋兴，李卫东. 高职生劳动教育教程[M]. 桂林：广西师范大学出版社，2020：66-67.

第二节　塑造大学生劳动观念

劳动观念是人们对劳动的根本看法和基本态度，正确的劳动观念能引导人们树立对劳动实践的科学看法和观点。随着经济的发展和科技的进步，劳动被赋予新的内涵。劳动是创造物质世界和人类历史的根本动力，是一切社会财富的源泉。按劳分配是社会主义市场经济中正义的分配原则，劳动和劳动者是神圣光荣的，不劳而获、少劳多得可耻不义。只有树立正确的劳动观念，才能更懂得尊重劳动人民，更珍惜劳动成果，并以热情饱满的劳动态度积极投入到社会劳动生产过程当中，从而不断提高劳动生产率，为社会创造出更加丰富的物质财富，同时促进个人德智体美劳的全面发展。

一、劳动观念的内涵

（一）劳动创造世界

1. 劳动改造了自然

人类经过长时间的劳动，克服了寒冷，战胜了天灾，充分利用自然界的力量，如热力、水力等，使自然为人类服务。瓦特发明了蒸汽机，蒸汽机把煤燃烧时产生的热力有效地转变为蒸汽机的动力；人类修建了水力发电厂，水力发电厂利用水位差产生的动能进行发电，满足各方面的供给需要。随着技术的发展进步，人类越来越了解自然界运动发展的规律，并通过有智慧的劳动，有意识地改造了自然、改造了世界，在地球上永久地留下了人类劳动的痕迹，并开始延伸到宇宙之中。

2. 劳动创造了适宜人类生活的世界

人类劳动有一个根本特点——使用工具和制造工具。人使用工具进行劳动，征服了猛兽、驯养了家畜、改造了植物、种植了农作物、开采矿源并加以冶炼，用工业劳动把原料制作成各种生产工具与生活资料，创造了适宜人类生活的世界。是劳动，建造了今天的万丈高楼；是劳动，筑就了现代化的高速公路和高速铁路；是劳动，让神话故事里的"千里眼""顺风耳"等不可思议的故事变成事实。

（二）劳动创造历史

马克思主义认为，历史是人类通过主观能动性和客观实践创造的。劳动是历史前进的根本动力，人类正是通过劳动不断改进自己的实践能力，提高科技水平，推动社会走向信息化和智能化，从而推动整个历史长河不断向好的方向演变。从哲学的角度看，劳动是主体、客体和意义的集合体。劳动人民创造了物质世界和精神世界，同时劳动人民也是社会变革的主体力量。社会历史的发展为人的发展提供了必要的物质条件和现实基础，人的发展则是社会历史发展的前提和基础，两者相互结合、共同作用，推动整个历史的演变。劳动是人类社会生存和发展的基础，是人类维持自我生存和促进自我发展的唯一手段，更是历史前进的根本动力。

（三）劳动创造人本身

1. 劳动使人从自然界中分离出来

恩格斯指出，古猿通过劳动进化为人，通过劳动进行生产，是生产力形成的标志和历史的开始，劳动是人类生活的最基本的条件。手的使用和语言思维的产生都是在生产劳动过程中形成和不断发展的。正是由于劳动，人类才从自然界千万动物中分离出来，形成了与动物不同的生存方式，所以说劳动创造了人本身。人类社会创造的一切物质文明和精神文明，都是在劳动这一前提下利用和改变自然资源、社会资源的成果。如果人类停止了劳动，就不可能存在，更不可能发展。

2. 劳动是人类生存和发展的决定力量

在劳动的直接推动下，早期人类大体经历了早期猿人、晚期猿人、早期智人或称古人、晚期智人或称新人四个发展阶段。在从早期猿人到晚期智人的发展过程中，人类的脑容量不断增大，体态特征越来越区别于猿而近似于现代人，劳动工具日益多样化，物质生活逐渐丰富，并开始出现原始精神文明。从晚期智人开始，人类逐渐发展成现代世界的各色人种。[①]

随着社会的进步、科学的发展，大学生们在未来社会所从事的劳动越来越依靠智力而不是体力。尽管如此，基础劳动总是必需的，脑力劳动不会完全替代体力劳动，劳动有益于身心健康，身体是一切工作生活的基础。如果大学生缺少劳动这一课，将来就很难成长为一个有自我服务能力、有为他人服务意识的社会人。

（四）劳动创造文明

自己动手丰衣足食，就是说通过劳动获得美好生活。在劳动的过程中，人们通过探索发明，改造了劳动工具和生产技术，提高了劳动效率，促进了物质文明的发展。在劳动过程中，人们也创造了宝贵的科学、技术和灿烂的文化成果。人类的思维活动离不开实践活动，而智力的核心是思维能力。实践活动既有学习活动，又有创造活动，而劳动正是兼有学习与创造这两个功能的活动。在劳动中，人们经常会遇到课堂上、书本里没有的问题。这就会引起人们的思考，产生思维活动，人们就要对劳动的结果有所预想，就要设计达到目的的过程。当人们克服劳动中的困难，解决了劳动中的问题，看到了自

---

① 教育部职业技术教育中心研究所. 劳动教育读本[M]. 北京：高等教育出版社，2021: 18-19.

己的劳动成果，从而获得成功的喜悦和幸福，这将进一步激发求知欲，增进学习兴趣，促进智力发展。而这一过程在其他活动中是难以实现的。专门从事精神劳动的思想家、科学家、艺术家，他们在人类精神生产领域艰苦劳动，辛勤地创造文化、科学、艺术等精神财富。无论时代条件怎样，劳动始终是文明进步的重要源泉。

（五）劳动促进人的成长与发展

人是生产力三要素中最为活跃的因素。只有通过劳动这一途径，人才能从丰富多样的劳动中实现创造性和自主性，进而创造美好生活，真正实现个人与社会的统一，实现人的全面发展。

劳动不仅是一种方式，而且是造就全面发展的人的唯一方法。第一，在劳动过程中，人类的四肢等身体器官及其功能得到了锻炼和发展，正是家庭的劳动锻炼，对人们未来熟练运用技术具有十分重要的意义。人类的智能素质，如观察力、思维能力和创造力等得到了发展。第二，劳动能够培养和发展人的道德品质，提高人的精神境界。在科学技术日新月异的未来社会，要求人们具备多方面、多层次的劳动能力和勤奋工作的态度。通过劳动，我们不但能形成艰苦奋斗、吃苦耐劳、坚强不屈的优秀品质，而且能养成艰苦朴素、勤俭节约的良好习惯。第三，劳动与个人的成才、事业的成功紧密相关。不论大学生将来从事什么工作，都需要有动手的技能技巧，这与知识的掌握有联系又有区别。它可以锻炼我们的能力，磨砺我们的意志，强化我们自强、自信、自立的意识。这一切都是我们走上社会后建功立业、实现个人全面发展的必备素质。[①]

（六）劳动增强责任感和义务感

培养大学生的社会责任感和义务感是品德教育的关键问题。在科学技术日新月异的未来社会，人们必须具备多方面、多层次的劳动能力和勤奋工作的态度才能适应。大学生承担力所能及的家务劳动、校园及社会的公益劳动，就能在不断实践中逐渐认识到自己是家庭、校园和社会中的一个重要成员，并且知道自己应当做对他人有益的事，应当按照规定的要求和时间完成自己该做的工作。而没有这样的劳动锻炼，是很难有这种责任感和义务感的。

（七）劳动影响价值观

社会主义核心价值观倡导爱国、敬业、诚信、友善的基本内容都是从劳动中逐步形成的。大学生如果把劳动素养培育摆在重要位置，并付诸实践，就会很自然地体会到劳动对自己成长的特殊作用，而如果在家庭、学校和社会生活中缺少劳动机会，缺乏最基本的劳动锻炼，当大学生走向社会的时候，其不良的劳动价值观就会凸显出来，影响大

---

① 教育部职业技术教育中心研究所. 劳动教育读本[M]. 北京：高等教育出版社，2021：17-20.

学生的职业发展。大学生的劳动观念、劳动态度、劳动习惯、独立能力、掌握劳动的技能技巧、理解劳动中自己所扮演的角色与人际关系等，在很大程度上是从校园学习劳动生活中形成与获得的。大学生在进入社会之前接触一些力所能及的家务劳动、校园劳动和社区劳动等，对进一步了解社会生活、参加社会劳动是非常必要的。

（八）劳动创造人生的幸福

劳动带来人的满足感、快乐感、实现感、奉献感和存在感。劳动为人生创造生存和发展的物质条件、文化条件和精神条件，劳动带来个人和家庭的幸福。唯有劳动能使人生致富，唯有劳动能使人生幸福。[①]

二、劳动教育的价值

（一）促进大学生树立社会主义核心价值观

劳动是一切历史存在的基本条件，是人类赖以生存和发展的决定力量。树立正确的劳动观念，有利于大学生真正认识到劳动创造人类社会的本源性价值，树立正确的世界观、人生观、价值观，践行社会主义核心价值观。树立正确的劳动观念，有助于大学生爱岗敬业、热爱劳动、尊重劳动，激发学习热情和创新精神，真正认识到劳动是生命意义和生命价值实现的唯一途径，认识到劳动是物质财富和精神财富创造的源泉，幸福都是通过劳动拼搏奋斗出来的。

新时代的大学生要将日常劳动生活与人生理想追求紧密结合，在劳动创造中实现远大理想和个人目标，自觉把人生价值的实现融入国家富强、民族振兴的伟业之中，实现个人与集体、个人与国家的融合发展，真正树立依靠劳动敬业、诚实劳动、劳动创新获取人生财富，实现人生价值的正确思想观念，从而为走出校园后的人生之路奠定良好的职业发展观。

（二）促进大学生形成积极向上的就业创业观

尊重劳动，坚持爱岗敬业的工作态度，是践行社会主义核心价值观的要求和具体体现。培育新时代大学生的劳动精神，能够使大学生真正理解人民创造历史，劳动开创未来，劳动是推动人类社会进步的根本力量的意义。正是因为中国人民的劳动创造，我们才拥有今天的幸福生活。通过弘扬劳动精神，大学生要扎扎实实干事，踏踏实实做人，培养积极主动的岗位意识、职业意识、进取精神和创新精神。中国有句古语："三百六十行，行行出状元"，今后无论处于什么岗位，大学生们都能在工作中充分发挥积极性、

---

① 王官成，徐飙. 劳动教育和职业素养训练[M]. 北京：中国人民大学出版社，2020: 14.

主动性和创造性，通过自己的劳动收获幸福感，在创造物质财富的同时，提升自我的精神境界。[①]

大学生要切实结合自身实际情况，立足平凡岗位的成功之路。树立正确的劳动观念，才能形成积极向上的就业观和创业观。正确的劳动观念能够培养大学生优良的品质，实现大学生的积极就业，解决当前大学生在就业过程中出现眼高手低、难以胜任工作等问题。树立正确的劳动观念能够帮助大学生正确认识社会劳动分工的本质，消除劳动差别观，建立劳动平等观，促进大学生积极到基层就业、加强锻炼，为以后的职业发展和人生发展打下良好基础。正确的劳动观念能够培养大学生吃苦耐劳的劳动精神和创新精神，促进大学生的自主创业。

（三）促进大学生感受时代精神力量，实现全面发展

大学生的全面发展对实现中华民族伟大复兴的中国梦有着重要作用，社会主义合格的建设者和接班人本质上是"以劳动实现中国梦"的劳动者。要引导新时代大学生确立劳动最美的观念，使他们真正感受到劳动本身所激发出的品德光辉和精神光辉，体验到劳动者在劳动中所体现的精益求精、专注执着、无私奉献、创新创造的宝贵精神，体验到高标准高品质的追求和敬业之美、创造之美的价值升华。树立正确的劳动观，有利于大学生在劳动中增强体魄、磨炼意志、提升人格品质，实现以劳树德、以劳增智、以劳健体、以劳育美的目标。[②]

---

① 聂峰，易志军. 新时代劳动教育教程[M]. 北京：电子工业出版社，2020: 37-38.
②王官成，徐飙. 劳动教育和职业素养训练[M]. 北京：中国人民大学出版社，2020: 15.

第二章　大学生劳动价值意识培育

第一节　人类通过劳动创造历史

在人类漫长的发展历程中，劳动一直推动人类历史向前发展。它促使人类从最初解放双手开始直立行走，在弱肉强食、适者生存的环境下生存繁衍，向如今成为改造世界的主体，创新发展，造福人类，造福世界转变。

一、劳动推动人类社会的发展进程

劳动使人类产生并发展。劳动的本义是社会实践和人自身的实践，面对自然与社会，获取原料，创造人存在所需要的生活和生产资料。所谓生产力，乃是人类征服自然、改造社会和塑造自我的能力，归根结底，是人类的本质力量在历史中的全部展开。人类无疑是进化水平最高的生物，是生物进化藤蔓上最硕大的果实。但是，人类的进化与生物的进化并不完全相同。人类进化过程在基因重组和机体结构创新基础上增加了文化创造的内容，并且随着进化水平的提高，文化创造的部分所占比例越来越大。人类独占的文化积累模式使人类形成了适应自然的独特方式。在人类独有的文化积累中，劳动无疑起着决定性作用。

劳动是人类社会生存和发展的基础，主要是指物质资料生产的过程，通常是指能够对外输出劳动量或劳动价值的人类运动，劳动是人维持自我生存和自我发展的唯一手段。劳动是人类运动的一种特殊形式。在商品生产体系中，劳动是劳动力的支出和使用。

劳动不仅创造了人本身，而且人类借助于劳动，勾画了实实在在的以满足生存需要为宗旨的生活理想，然后再以自己的双手去改造世界和改造自身，在满足生存需要的同时，也丰富了自身的生活想象，创造了世界并推动了人类社会的发展。劳动是人类生存发展的基础条件，是人类理想转化为现实的根本途径，是人类历史发展的推动力量。

（一）劳动与原始社会

在远古时代，人类为了生存，开始从事劳动，通过打猎、捕鱼、采摘野果来维持生计。随着火的发现，人类开始吃熟食，并逐渐学会打造石器制造工具，人类从食物的采集者转变为生产者。伴随人与人之间劳动协作愈发密切，产生了语言，形成了人类群体聚居，人类思维活动也愈加复杂。思维能力的提升，进一步推动了人类改造自然能力的发展，人类逐步开启了原始农耕、畜牧时代。

（二）劳动与奴隶社会

人类通过劳动创造了大量财富，为了管理财富，私有制产生。社会逐渐分化出剥削阶级和被剥削阶级，阶级之间的矛盾愈发不可调和，国家遂应运而生。国家的建立缓和了矛盾，统治者也在自己的国家内建立秩序，社会进入平稳发展阶段，这为人类的高效劳动提供了适宜的土壤。人类开始尝试使用冶炼工具，开辟了"青铜时代"。原始社会就此结束，奴隶制度逐渐形成，人类社会进入奴隶社会。

（三）劳动与封建社会

冶炼技术的成熟与铁的发现，拉开了"铁器时代"的序幕，人类改造自然的能力大大提升，通过创造条件培育和种植自己所需要的动植物，农业发展达到新水平。生产力的发展对生产关系改革提出了新要求，以土地为基础，农业与手工业相结合，以家庭为生产单位的封建自然经济逐渐形成，人类社会从奴隶社会走向封建社会。

（四）劳动与资本主义社会

封建社会的经济发展使人类通过劳动获取资源的方式多元化。在西方一些国家，手工业、商业随之出现并迅速发展，产生了新的阶级——资产阶级。同时，工业革命的爆发促使新的生产方式出现，彻底颠覆了传统观念，生产力得到跨越式发展。传统的生产关系已无法适应生产力的要求，资产阶级迫切需要打破原有封建制度的束缚。因此，人类社会从封建社会开始向资本主义社会过渡。

（五）劳动与共产主义社会

人类社会形态的发展和更替是在生产力发展及其与生产关系的相互作用中实现的。资本主义社会存在不可调和的矛盾：生产社会化和生产资料私人占有之间的矛盾。人类社会不断向前发展，而生产资料的私人占有制仍保持不变，这种所有制形式就会与生产力的发展产生愈来愈尖锐的矛盾，从而束缚生产力的发展，终将被社会主义所取代。

伴随时代的向前发展，体力劳动和脑力劳动的对立会逐渐消失，人类无差别的劳动促使社会具有高度发达的社会生产力，在社会主义社会充分发展和高度发达的基础上，人类社会将进入共产主义社会，那是一个物质财富极大丰富、人们精神财富极大提高、每个人自由而全面发展的理想社会。

二、劳动实现中华民族伟大复兴

劳动是人类社会产生、发展的基础，更是实现中华民族伟大复兴的唯一途径。中华民族伟大复兴的中国梦是需要全体中国人民一起辛勤劳动、实干笃行才能实现的。回首历史，正是一代又一代中国人辛勤劳动，才使得中国从近代的积贫积弱一步步走向今天的繁荣发展，才让我们比历史上任何时期都更加接近中华民族伟大复兴的目标。

（一）社会主义革命和建设时期完成兴国大业

1949 年 10 月 1 日，中华人民共和国成立，百废待兴。在这样的艰难环境下，中国共产党领导中国人民靠自己的双手建立起独立的、比较完整的工业体系和国民经济体系。1956 年，我国完成了社会主义三大改造，确立了社会主义基本制度，开启了社会主义建设时期，取得了万众瞩目的成就。1956 年 7 月 13 日，长春第一汽车制造厂第一辆"解放牌"汽车试制成功；1955 年 10 月，新中国第一个大型油田——克拉玛依油田开发建设；1953 年底，新中国第一座无缝钢管厂投产。正是由于一批批普通劳动者真干、实干、苦干，以"老黄牛"精神为新中国的发展打下了牢固的根基。

（二）改革开放和社会主义现代化建设新时期推进富国大业

在中国共产党的领导下，通过全国人民的自力更生、艰苦奋斗，中国经济经历了从计划经济到中国特色社会主义市场经济的转变，解放和发展了生产力，完善了社会资源配置方式，推进了中国经济又好又快发展；从"食不果腹"的票证时代到全面建设小康社会，人民生活水平大幅提升；从 1978 年至 2012 年，我国经济高速增长，2010 年，成为世界第二大经济体。回顾改革开放 40 多年的砥砺奋进，正是依靠中国人民的实干巧干、稳扎稳打，中国实现了从"站起来"到"富起来""强起来"的历史性飞跃，中国特色社会主义焕发出蓬勃生机，中华民族日益走向世界舞台中心。

中国正处于一个承前启后、继往开来的新时代，作为新时代的青年大学生，要顺应时代发展趋势，牢记使命，自信自强，树立梦想从勤奋学习开始、事业靠本领成就的理念，让踏实刻苦、努力学习成为青春远航的动力，让增长本领、务实重干成为青春搏击的能量。

第二节　劳动者是改造世界的主体

一、劳动者是改造世界的重要力量

随着人类社会的发展，劳动分工越来越细化，劳动专业化程度越来越高。劳动者不仅是劳动实践的主体，而且掌握了很多的科学技术，强有力地推动了社会生产力的发展。

（一）劳动者是劳动实践的主体

实践是改造世界的唯一途径，劳动是实践的核心，人则是劳动的主体。劳动者通过社会实践赋予作为劳动工具的机车等机器活的生命属性，并使用它们参与人类的社会生产活动，与社会生产形成有机整体。

商品之所以有价值，主要体现为凝结在商品中的无差别的人类劳动，是由活劳动创造的。活劳动是指劳动者在商品生产过程中脑力和体力的消耗。在商品生产过程中，只有加入劳动者的活劳动，才能将生产资料改造成满足人们需求的具有新的使用价值的产品，否则生产资料只是一堆死物。随着商品经济的发展以及知识经济时代的到来，物质资料的生产既离不开体力劳动，又显现脑力劳动的重要性。特别是与物质生产密切相关的科学技术、管理服务等劳动形式与社会生产活动的关系愈发密切，以及劳动者对自然的改造、生态的改造，不断追求人与自然的和谐统一，从而实现人类的可持续发展。这都充分揭示了广大劳动者在劳动实践中的主体地位和积极作用。

（二）劳动者是推动生产力发展的主要力量

生产力是指具有一定生产经验和劳动技能的劳动者使用一定的生产资料在物质资料生产过程中进行生产、创造的能力。简而言之，生产力是人类在生产过程中利用自然、改造自然，并获得适合自己需要的物质资料的能力。因此，无论是蒸汽时代还是当今的信息化时代，无论何时何地，作为改造自然和人类社会巨大力量的生产力都与劳动者紧密联系在一起。

劳动者在构成生产力诸要素中处于主导地位，在没有劳动者的参与下劳动资料、劳动对象只是作为可能的生产力存在，是无法将其转变为现实生产力的。现今，在科技革命的影响下，以生产工具为主的劳动资料大大改进，生产自动化程度大幅提升，科学技术成为第一生产力，是综合国力竞争的决定性因素。《1844年经济学哲学手稿》中提到"生产力中也包括科学"，并且说："固定资本的发展表明，一般社会知识，已经在多么大的程度上变成了直接的生产力"。由此可以看出，科学技术成为推动社会生产力发展的重要因素。如何提升科学技术水平呢？最主要的还是要依靠劳动者。

劳动者、科学技术和自然资源是影响社会生产力发展的重要因素。根据人类社会发展进程，劳动者与自然资源是自然界固有的，而科学技术则是由劳动者创造的。没有劳动者的劳动创造就不会有科学技术。即使掌握并充分运用人类已有的科学技术来创造劳动成果也还是要靠从事生产劳动的劳动者。因此，劳动者是推动生产力发展的重要力量。

二、劳动者是推动文明进步的重要力量

高尔基说："文明的高度始终是同热爱劳动密切联系着的。"从古至今，劳动者都在用自己的辛勤劳动改造世界，他们将荒山野岭改造为瑰丽世界，将野性江河改造为璀璨明珠，创造出人类发展的高度文明。中华民族自古以来就是热爱劳动的民族，世代中华

儿女辛苦劳作、不断摸索，以艰辛的劳动创新精神，创造了光辉灿烂的中华文明。

（一）劳动者创造物质文明

"一夫不耕，或受之饥；一女不织，或受之寒。"五千年前，先民们逐步脱离原始和蛮荒，开始组织社会力量采石、制玉、制陶，拉开了中华儿女劳动创造的序幕。古代，万里长城、大运河、明清故宫等宏伟工程无不展现了劳动人民高超的建筑技术；玉器、青铜器、瓷器等精美制品体现了他们精湛的制作工艺；中国的"四大发明"指南针、造纸术、火药和印刷术代表了中国在科技方面的最高成就。近代以来，广大劳动人民在中国共产党的带领下，打土豪、分田地，建设苏区、边区，更是改造了南泥湾，留下了"陕北好江南"的佳话。1949年以后，依靠万千有着"勇当拓荒牛、甘为孺子牛、争做老黄牛"精神的劳动人民，建成了社会主义工业体系。改革开放后，中国物质文明迈向新台阶，出现了不同版本的"新四大发明"，比如杂交水稻、汉字激光照排、人工全合成牛胰岛素、复方蒿甲醚；又比如我们日常使用的高铁、支付宝、共享单车和网购。新时代下，中国更是取得了举世瞩目的历史性成就：在水下1266米，"蓝鲸1号"完成了我国第一次海底可燃冰的开采。地面上，海拔10米处，高铁正以每小时350公里的速度高速运行；海拔100米处，正在建设的空中能源走廊，将电力资源传输到3000公里以外；海拔12100米，是国产大飞机C919达到的最大飞行高度。太空中，170多颗中国制造的航天器闪烁其间，探索着太空的奥秘。从万米海底，到广袤太空，梦想变为现实，中国已然迈向现代化建设的新征程。

（二）劳动者创造精神文明

"可使食无肉，不可居无竹。无肉令人瘦，无竹令人俗。"中国人民的辛勤劳动创造了中华民族的精神文明。人们在满足基本生存需求后，自然要追求精神文化生活。在中国上下五千年历史中，精神文明成果犹如璀璨星河，至今闪耀着魅力的光芒。古代，我国创造了甲骨文、金文、篆书、隶书、楷书、行书等博大精深的中国汉字；产生了老子、孔子、庄子、孟子、墨子、孙子、韩非子等闻名于世的思想大家；创作了楚辞、汉赋、唐诗、宋词、元曲、明清小说等多种文学形式。近代，广大劳动人民在中国共产党的领导下艰苦奋斗、浴血奋战，形成了红船精神、长征精神、西柏坡精神等强大的精神力量。1949年以后，提出"百花齐放、百家争鸣"的"双百"方针，社会面貌发生了翻天覆地的变化。改革开放以来，确定了"两手都要抓，两手都要硬"的战略方针，使得物质文明和精神文明两个文明和谐发展、相互促进。新时代以来，时代楷模和英雄模范不断涌现，文化事业和文化产业日益繁荣，全民族理想信念和文化自信不断增强，国家文化软实力和中华文化影响力更是大幅提升。

（三）劳动者推动政治文明

"功崇惟志，业广惟勤。"中国人民的辛勤劳动推动了我国政治文明的发展。劳动带来了生产力的变革，伴随生产力的发展和变革，就需要构建与物质生产相适应的规范化的、程序化的政治文明，即人类社会生活需要进行统一的规划、管理和领导。历史上，在农耕经济的推动下，形成了封建土地所有制，建立了封建中央集权，更好地促进了农业生产的开展。现如今，广大人民群众成了国家的主人，就要坚持以人民为中心的发展思想，坚持党的领导、人民当家做主和依法治国有机统一，充分发扬社会主义民主，切实维护好劳动者的合法权益，才能不断激发人民群众劳动创造的活力，提升劳动人民的获得感、幸福感和安全感。因此，劳动始终是推动政治文明的源泉，建设中国特色社会主义是造福人民的伟大事业，推动宏伟事业、实现美好蓝图，需要立足广大人民群众实实在在的劳动创造。

（四）劳动者推动社会文明

"崇尚劳动、见贤思齐。"中国人民通过辛勤劳动推动了我国的社会文明。劳动创造了人、创造了生活、创造了社会，劳动始终是人类社会发展的基石。"晨兴理荒秽，带月荷锄归""锄禾日当午，汗滴禾下土""田家少闲月，五月人倍忙"……在中华民族千百年的发展历程中，逐渐形成夙兴夜寐、洒扫庭院、热爱劳动的优良传统，逐步树立崇尚劳动、热爱劳动、辛勤劳动、诚实劳动的社会风尚，逐渐确立劳动最光荣、劳动最崇高、劳动最伟大、劳动最美丽的社会价值观。劳动不仅促进了社会价值观念的形成，还推动了社会文明成果的和谐共享。广大劳动人民用责任和担当、坚守和奉献，推进了社会文明的发展和进步。

（五）劳动者推动生态文明

"绿水青山就是金山银山。"中国人民的辛勤劳动促进了我国生态文明的发展。人类是通过改造自然界来创造美好生活，即人类劳动的对象是自然界，因此，人类必须树立尊重自然、顺应自然、保护自然、坚持人与自然和谐共生的观念。广大劳动人民充分发挥主观能动性，在向自然界索取生存发展之需的同时，呵护自然，回报自然，保护自然界的生态系统。他们才是生态文明的主力军，生态文明的守护者。

"劳动是人类的本质活动，劳动光荣、创造伟大是对人类文明进步规律的重要诠释。"因此，一个文明的产生，不能没有劳动；一个文明的发展，也不能没有劳动。人类文明是由人民群众劳动创造的，中华民族伟大复兴也一定会在人民群众的劳动创造中变为现实。

第三节　劳动创造社会价值

一、劳动是财富的源泉

劳动是一切成就的基础，是创造社会物质财富和精神财富的必要手段。劳动既是人类生存生活之本，也是社会不断进步的根本动力。

劳动是推动人类社会进步的重要力量。"民生在勤，勤则不匮"，告诉我们一个最朴素的道理：勤劳致富。"富贵本无根，尽从勤里得"。被称为"政治经济学之父"的威廉•配第曾指出："劳动是财富之父，土地是财富之母"；"古典经济学之父"亚当•斯密在《国富论》中提出，劳动是财富的源泉；劳动是衡量一切商品内在交换价值的真实尺度。恩格斯说：用自己勤劳的双手和辛勤的劳动认识与改造客观世界，创造丰裕富足的物质生活和多姿多彩的精神生活。从古至今，人世间一切美好的梦想只有通过劳动才能实现，也只能通过劳动才能铸就辉煌。

人世间的美好梦想，只有通过诚实劳动才能实现；发展中的各种难题，只有通过诚实劳动才能破解；生命里的一切辉煌，只有通过诚实劳动才能铸就。财富的积累是以辛勤劳动为基础。脚踏实地地生产经营，不断超越自我，才能开拓属于自己的天地，从而不被投机取巧、急功近利、一夜暴富的捷径所遮蔽和诱惑。许多企业家通过辛勤劳动、诚实劳动、创造劳动实现了从小作坊到大企业的腾飞。无论是在遥远的古代还是瞬息万变的今天，劳动才是个人、企业、国家创造财富的源泉，是无数人梦寐以求的财富密码。

党的十一届三中全会以来，改革开放极大地解放和发展了社会生产力，2010年，中国，成为世界第二大经济体。2020年，中国实现贫困人口全部脱贫、国内生产总值突破百万亿元……劳动创造财富，中国发展奇迹，是中国人民干出来，是全体中国人民辛勤劳动、诚实劳动，支撑起中国经济的巍峨大厦。

二、在社会和谐中创造劳动价值

（一）在个人与社会的统一中实现价值

1. 社会客观条件是实现人生价值的基础

社会的发展决定了人的个性的发展。社会提供的客观条件是一个人实现自己人生价值的基础和前提，人在创造价值时必定离不开他人和社会，个人所做的一切总是构成他人和社会成果的一部分，没有谁能够真正脱离社会、脱离他人。作为具有社会属性的人，"没有大家的努力，什么事也做不成"。国家为我们搭建了一个广阔的舞台，为我们提供了充分就业的机会，让我们通过劳动可以获得足够的收入、合理的社会保障，并且有相关的法律法规维护我们的各项合法权益。在这样的环境中，我们"干一行爱一行"，劳动水平更容易提高，在同样的时间采用同样的劳动形式能够创造更多的价值。无论何时，身处何方，只要努力奋斗，任何人都可以在梦想的舞台上实现人生价值。

2. 个性发展与社会发展的统一

人的个性发展与社会发展是相辅相成、辩证统一的，二者互为条件、相互促进。人的价值包括人的自我价值与人的社会价值，这就使得在社会中，人除有自然属性和社会属性这样的共性外，能区别于他人最显著的特征就是个性。个性的发展在社会历史发展进程中起着举足轻重的作用。在社会发展过程中，生产力的发展离不开人的劳动，也正是因为人的劳动实践，才推动了人类文明的进步，从刀耕火种的蒙昧时代到现代工业的高度文明时代，生产力的高度发展、劳动生产效率的提高为个性自由而全面的发展提供了保障。劳动是创造人类文明成果的重要依托。

人类一切美好的梦想都不会唾手可得，我们的国家、民族能有今天的成就靠的就是一代又一代中国人的努力奋进，靠的就是他们筚路蓝缕、手胼足胝的艰苦奋斗。

（二）在接续奋斗中实现人生的社会价值

青年一代应将个人抱负与国家前途命运紧密相连。当代大学生作为共产主义事业的建设者和接班人，如果能够珍惜韶华、志存高远、奋发有为，撸起袖子加油干，用汗水书写青春，用信仰成就梦想，就一定能够成就属于自己的人生精彩。

1. 做有作为的劳动者

有所作为，即有所成就。"担当起该担当的责任"，就是有所作为。自古以来，肩负使命与担当离不开劳动的助力，司马迁忍辱负重历时十余载编著"史家之绝唱"，李冰父子排除万难建成造福后世的都江堰，屠呦呦千百次实验萃取"青蒿素"解决疟疾难题，……古今中外，能够被后世铭记的人，无一不是一生都在为理想而奋斗，为使命而奉献，在平凡与忙碌中成就非凡。"担当起该担当的责任"，就是把事干成。中国特色社会主义是干出来的，不是轻轻松松、敲锣打鼓就能实现的。在劳动中充实青春的色彩，在奋斗中释放青春的能量，在将来的工作中做好本职工作，勇于担当作为，敢于创新创造，才能无愧于青春，无愧于这个时代。

2. 做有本领的劳动者

我国正处于向高质量发展的转型期，对于劳动者素质的要求也发生了变化，技能型人才是当今社会创新创业创造的重要力量。发展战略性新兴产业，必须要有技能型人才做支撑。"积财千万，不如薄技在身"，新时代有本领的劳动者，需要"一专多能""专精结合"。大学是大学生成长成才、积累各项知识、增长技能的"摇篮"。大学生要坚持知行合一、脚踏实地、奋发有为，自觉主动掌握各种本领，为今后的职业发展打下扎实的基础。非才无以为贵，非学无以广才。要克服本领恐慌，学习是唯一的出路。除在课堂教学中汲取养分外，还应当积极参加各类技术能力大赛，在知行合一的竞赛中不断提升专业技能水平，激发创新创造的潜能，努力使自己成长为一名优秀的高素质复合型人才，以适应新时代发展的需要，提升职业竞争力。

3. 做有担当的劳动者

历史告诉我们，中华民族的觉醒就是从青年人的觉醒开始的。国家的前途、民族的希望始终落在青年一代肩上。作为中国特色社会主义事业的接班人，担当起中华民族复兴大任是青年对青春价值的最好诠释。

站在时代的舞台上，肩负祖国的未来、民族的希望，就要勇挑重担、敢于担当；面对矛盾与危机，就要勤勉敬业、精益求精。一个人有大能力就要有大担当，有小能力也要有小担当。工作岗位既是我们承载梦想的舞台，也是我们担负社会责任的平台。青年当建功新时代，我们要铆足砥砺奋斗的干劲，拿出"虽千万人吾往矣"的英雄气概，以钉钉子精神，下绣花功夫的毅力，干好本职工作。我们要鼓足攻坚克难的韧劲，"青年之字典，无'困难'之字，青年之口头，无'障碍'之语"。不惧艰难，不畏风霜，只有把人生理想融入国家和民族的事业中，才能最终成就一番事业。我们要蓄足逢山开路的闯劲，与时俱进，追求创新，"干一行爱一行，爱一行钻一行"，学真本领，练真功夫，展真作为，以蹄疾而步稳的节奏一马当先，在青春逐梦的路上脚踏实地、行稳致远。

第三章　大学生劳动品质培育

第一节　培养主动劳动的意识

自觉自愿、积极主动劳动的人，是大家学习的榜样。当然，积极主动的含义不仅仅是主动劳动，更重要的是具备敢于承担，敢于对自己、对劳动任务负责的态度，这才是积极主动更深层的含义。

一、主动承担劳动任务

主动承担劳动任务是大学生应当培养的基本劳动品质。主动承担劳动任务要求大学生既要欣然接受劳动任务，又要正确对待"苦差事""分外事"，还要主动帮助他人完成劳动任务。同时，积极主动也不是争强好胜，大学生如果有争强好胜的想法和目的，就没有正确理解主动劳动的含义。

1. 积极主动不是争强好胜

争强好胜的意思是争为强者，事事处处都喜欢超过和压倒别人。这种人行事的出发点在于别人，不是自己，其一切行为都是因为别人。实际上，争强好胜者虽然有不服输的精神，但如果凡事都要争个输赢，就显得偏执甚至心胸狭隘。

有些人把积极主动看成争强好胜，认为积极主动的人往往高人一筹，他们什么事都要比个高低，只为证明自己比别人更优秀。持这种观点的人，对积极主动的含义没有理解透彻。积极主动更深层的含义是责任感，强调做事的态度。因此，积极主动劳动的人，绝不会争强好胜，而是对自己和劳动任务负责。

2. 欣然接受劳动任务

在家里，父母可能会为我们安排劳动任务，如洗衣做饭、打扫房间。在学校里，老师和同学可能会给我们安排劳动任务，如班级值日、打扫教室。除了这些日常劳动，老师和同学还会为我们安排更多实践活动，如社会调查活动、科技创新活动、社区便民服务等。

当他人给你安排劳动任务时，你是欣然接受还是婉言推辞或者断然拒绝？你是否会视劳动内容而定，只接受对自己有益的劳动？作为大学生，我们应该主动承担劳动任务，欣然接受劳动任务。况且，日常的劳动任务都是比较简单、容易的，我们不应把它们看成一种负担。将欣然接受劳动任务的习惯持续到未来的工作岗位上，对我们的职业生涯和人生发展都将有很大的帮助。

3. 正确对待"苦差事""分外事"

"苦差事"一般指难度大而回报低的事情，或辛苦而枯燥的事情。"分外事"一般指自己职责或任务范围外的事。我们在日常的学习或工作中，有时会被他人安排一些"苦差事""分外事"。这种情况下你会怎么办？选择逃避吗？当然不能，如果想要成为一个有担当的人，应该正确对待"苦差事"和"分外事"。

俗话说"能者多劳"，意思是能力强的人做的事情也多，这里我们也应该看到另一层意思，即多劳才能成为能者。所谓的"苦差事""分外事"，何尝不是自己提升能力的机会？一方面，我们可以有更多机会在劳动中不断地锻炼自己、充实自己；另一方面，我们会拥有更多的展示舞台，把自己的能力和才华适时地表现出来，引起别人的注意，得到别人的尊重和认可。所以，不要局限于自己的"分内事"，更不要抱着"我只负责简单的工作就好了，我只负责自己的工作就好了"的想法，而要看看除基本职责之外，自己还能多做什么。

4. 乐于帮助他人完成劳动任务

有一位同学，由于手脚灵活、思维敏捷，所以在班级劳动中，总会早早地完成自己的劳动任务。在提前完成自己的劳动任务后，他就会坐下来休息，即使看到其他人非常忙碌、疲于应付劳动任务，他也不会伸出援助之手。这样的情况多了以后，就给其他同学留下了不好的印象。以至于在以后的生活和学习中，当他遇到困难时，也很少有同学主动帮助他，身边的朋友对他也有意见。对此，他很困惑。在一次班会活动中，他忍不住敞开了心扉，向大家说出了自己的疑惑。同学们把原因告诉了他，此后，他改变了自己的态度，开始主动帮助其他同学，重新获得了大家的信任和尊重。

你是否也像这位同学一样，自己的劳动任务做完了，就不会再顾及他人？如果是这样，你应该及时改变自己的态度。换位思考一下，如果自己在劳动过程中遇到困难，希望得到别人的帮助时，若无人应答，心里该是多么难受。因此，在他人非常忙碌、疲于应付劳动任务时，你可以及时帮助他。

乐于助人是一种可贵的品质。在帮助他人劳动的过程中，要做到真诚为他人提供帮助，而不应要求有所回报。赠人玫瑰，手有余香。乐于帮助他人完成劳动任务，有时收获的是个人的成长，有时收获的是真诚的友谊，有时收获的是拼搏奋斗的精神，有时收获的是无私奉献的精神。

现在很多大学生可能持有这样的想法：家里面的家务活父母都包了，没有什么劳动需要我做；我的学业负担已经很重了，没有时间劳动，而且学习本身也是劳动，是更加艰辛的脑力劳动。这样的想法是不正确的，家长的溺爱和学业负担过重，的确在一定程度上影响了同学们劳动的积极性。但凡事都要找主观原因，是否愿意积极主动参与劳动，关键取决于自己的劳动态度。主动劳动是责任感的体现，积极主动地承担劳动任务并自觉自愿地帮助他人，是我们走向成熟的体现。

二、尽心尽力做好劳动任务

主动承担劳动任务是主动劳动的第一个表现。将主动承担劳动任务的态度落到实处，就需要用尽自己所有的能力去做好劳动任务。

（一）及时实施劳动任务

在我们主动承担劳动任务后，接下来就要及时实施劳动任务，以收获立竿见影的劳动成效。有的人在执行具体的劳动任务时，往往具有"拖延症"，常常把今天的事放到明天来做。在我们接受了劳动任务后，如果抱着"能拖则拖"的心态，久而久之，面对劳动任务，就会养成消极拖延的坏习惯。而拖延行为，会导致我们马马虎虎地实施劳动任务，很难在规定的劳动期限内完成劳动任务。这样会陷入劳动效率不高、劳动成效不好的不良循环中。最终，会导致我们越来越抵触劳动。

闻鸡起舞的故事，讲的是东晋时期的将领祖逖年轻时胸怀坦荡、具有远大抱负，他与好友刘琨同为司州主簿，两人常互相勉励振作。为了报效国家，他们在半夜一听到鸡鸣，就披衣起床，拔剑练武，刻苦锻炼。这个故事表达了及时奋发的刻苦精神。"明日复明日，明日何其多。我生待明日，万事成蹉跎。"明朝钱福在《明日歌》中告诉我们一个浅显的道理：如果我们把今天的事情放到明天来做，就会白白浪费很多时间，错过很多机会，虚度年华，导致很多的事情都成了幻想。因此，我们要克服自己的拖延心理，在接到劳动任务时，要进行自我管理，给自己设定任务完成期限和完成标准，充分利用好劳动时间，及时付诸行动。此外，为了督促自己及时实施并高效完成劳动任务，我们可以积极暗示自己完成任务将带来的益处，以获得及时高效完成劳动任务的成就感。

（二）不折不扣地落实劳动

不折不扣是指完完全全、十足的意思。不折不扣地落实劳动就是指我们在劳动中不能滥竽充数、不能偷工减料、不能投机取巧，要欣然接受全部的劳动工作。例如，我们在打扫教室、实验室等地方的卫生时，应认真仔细打扫每一个角落，那么，我们落实劳动就是不折不扣的；相反，如果我们认为一些角落的卫生不会影响室内的干净整洁，而不去打扫这些角落，那么我们就没有不折不扣地落实劳动。又如，我们开展一项社会调查实践活动时，要求调查对象的年龄介于20～25岁，为了方便省事，我们将一些18～20岁的人也作为调查对象，那么这项调查活动也没有被不折不扣地落实。

在我们执行劳动任务的过程中，不折不扣地落实劳动是顺利完成劳动任务、保证劳动质量的重要前提条件。然而，日常生活和工作中，有不少人存在"差不多"心理，这种心理其实是一种侥幸心理，是不负责任的表现。这种心理将直接导致劳动标准降低、创造力减少。

要想克服"差不多"心理，不折不扣地落实劳动，在思想指导方面，我们首先要树立勇于担当的责任意识，其次要增强尽职履责的本领；在具体行动方面，我们首先应该明确劳动任务的目标和要求，并制订合理的劳动计划，其次要严格按照劳动计划，一步一步地开展劳动。例如，打扫教室、实验室的卫生，我们可以分区域打扫，但不能放过每一个角落。

（三）全身心地投入劳动

全身心地投入劳动是一个人职责范围内的事情。全身心地投入劳动，需要我们怀着满腔的热忱，充满激情，这样才能在劳动中更好地发挥自己的聪明才智，将不可能的事情变为可能，将平凡的事情变得不平凡。做事马马虎虎，敷衍了事，只想在兴趣和游戏里寻觅快活，充其量只能获得一时的快感，决不会感受到内心深处的惊喜和快乐。聚精会神、孜孜不倦地完成劳动任务，带来的不只是成就感和充实感，还可以修身养性，可以磨炼人格，奠定我们做人的基石。

现在，我们正处于学习知识、增长才干的关键时期，做任何事都要专心致志、心无旁骛。将来，我们无论从事何种职业，都要全身地心投入其中，尽自己最大的努力，在工作中挑战自我，主动克服困难，不断地追求进步。我们要始终相信，但凡要想干出一番事业，就要坚持不懈地付出极大的劳动，全身心地投入劳动中去。

（四）克服劳动中的困难

在劳动过程中，我们难免会遇到各种各样的困难。体力劳动者，会因为工作环境不佳而感到劳累；在窗明几净的办公室里工作的中层管理者，会因为忙于协调各种矛盾而身心疲惫；居于高位的领导者，常常承受着公司内部管理和企业整体运营的压力。如果一个人只想接受劳动的益处和快乐，遇到困难就逃避，喋喋不休地抱怨，那么这个人是一名不负责任的劳动者。

我们只有辛勤劳动，全身心地投入劳动，才能享受到劳动的快乐，也才能有收获。倘若我们遇到困难就逃避和抱怨，必然享受不到劳动的快乐和成功的喜悦。要想把事情做出色，我们就一定要坦然地接受劳动的一切，除了益处和快乐，还有艰辛和困难。

克服劳动中的困难，在心态上，我们要正确看待劳动中的困难，这种困难几乎所有人都要面对。我们要变压力为动力，相信困难像弹簧，你弱它就强，你强它就弱。我们除了通过知识学习和劳动实践，增强自身解决复杂事务的能力，还要时常勉励自己，相信自己通过不断努力和不懈坚持终将克服困难。

我们可以通过以下 3 种办法来克服劳动中的困难。

1. 劳逸结合

在劳动中遇到困难时，我们可以放下手中的工作适当放松身心，如到户外散步、打球。紧绷的精神状态有时不利于开展工作，等到压力释放了，在心情放松的状态下，可能事情就会峰回路转，出现新的转机，所有的难题都会迎刃而解。

2. 分解劳动任务

有时，对于复杂的劳动，我们可以分解劳动任务，然后按计划分阶段实现目标。以学习为例，如要求自己在本月记住 900 个英文单词、阅读 300 页的课外专业书籍，那么我们可以将总任务分解，如要求自己每天记住 30 个单词、阅读 10 页书籍。还可以结合奖罚制度来鞭策和激励自己，如果每天的学习量完成了，就给自己奖励；反之，则惩罚。

3. 请教他人

人无完人，一个人不可能掌握所有的知识，具备处理所有事情的能力。当自己拼尽全力，尝试了一切方法都无法解决困难时，不妨去请教他人寻求帮助。

无论什么时候都要记住自己的职责，哪怕遇到困难，我们也不能找任何借口。那些在工作中推三阻四、老是抱怨、寻找种种借口为自己开脱的人，那些没有激情、总是推卸责任、不知道自我批评的人，那些不能按期完成自己的本职工作的人，都是不具备勇于担当的精神的人，久而久之也就会丧失主动和进取的精神。既然你选择了从事的职业，你就应当接受它的全部，而不仅仅只是享受它给你带来的快乐和效益。

（五）克服劳动中的懒惰情绪

不仅劳动中的困难会阻碍我们劳动的积极性，长期存在的懒惰情绪也会阻碍我们劳动的积极性。实际上，一个人在劳动中有懒惰情绪是正常的，因为让身体安逸是人类的本能。但是，长期存在懒惰情绪，行为上散漫、松懈，做事得过且过，思想上不思进取，这些情况都不利于我们的健康成长。一个在劳动中尽心尽力、尽职尽责的人，应该通过自我调整克服这种懒惰情绪。

早在 2000 多年前，我国先贤哲人就振聋发聩地号召："天行健，君子以自强不息。"这一号召激励了后来无数的人奋发图强。"天地生人，有一人应有一人之业；人生在世，生一日当尽一日之勤。"克服懒惰情绪，辛勤劳动是人的本分。勤能补拙，勤劳的人能够得到自身的进步和别人的尊重。相反，懒惰使人消极，使人不受欢迎。同学们在克服劳动困难的过程中，不但能掌握更多的劳动技能，还能锻炼意志和毅力，养成勤劳的好习惯。许多同学的小发明、小创造，大多也是在劳动实践中受到启发而产生的。一旦走向社会，同学们的技能和习惯就会在集体中展现出来，从而使自己更受他人欢迎和重视。

三、精益求精地完成劳动任务

精益求精地完成劳动任务主要是践行精益求精的工匠精神，它不仅要求我们尽心尽力地完成劳动任务，还要求我们以更高的标准要求自己。

一位企业管理学家说过："一个公司有 99 名员工工作非常认真、谨慎，但只有一名员工 1%的行动偏离正轨，这个公司就有可能出现问题甚至倒闭。"实践证明，有时，比缺乏战略家更缺少的是精益求精的执行者。对大学生而言，我们不能仅仅满足于书本知识，还要拓展自己的专业知识和技能。我们在做实验和开展实践活动时，不仅要达到标准，完成任务，还要精益求精地钻研，如尽力缩小实验的误差，创造性地劳动以提高劳动效率。

当然，如果我们能够克服劳动中的困难和懒惰情绪，全身心地投入到劳动中，精益求精地完成劳动任务就会水到渠成。

一个有担当的人，在劳动中尽心尽力、精益求精。试想如果一个清洁工人不能忍受垃圾的气味，他能成为一个合格的清洁工吗？劳动没有贵贱之分，无论做任何事情、从事任何工作，我们都不能懈怠，理应尽自己的最大努力把它做到完美。在劳动中尽心尽力、精益求精，是我们实现自我价值、完善自身的重要前提条件。

第二节　培育诚信劳动的信念

诚信即诚实守信，指为人处世实事求是、信守诺言。这是我们必须具备的基本的道德品质。诚信劳动，就是将诚信这种基本的道德品质投入劳动中。在劳动中，诚信是基本的劳动态度和职业素养，也是职场的"通行证"，那些文过饰非、弄虚作假、偷工减料的人即使能得逞一时，总有一天也会被人们识破，最终无法在职场和社会立足。

任何人要想获得财富和幸福，只有通过诚信劳动来实现。诚信劳动是社会全面发展的重要基础，也是个人心理健全的主要表现。诚信劳动要求我们不投机取巧、不好高骛远，而是诚信地运用自己的体力与脑力，脚踏实地去完成劳动，去实现梦想。

一、遵守规范

古人常言"人无信不立""言不信者，行不果"，意思是一个人如果不讲信用，做事就不会有好结果，就会在社会上寸步难行，没有立足之地。诚信，是中华民族的传统美德，是为人之本，也是成事之本。诚信劳动的首要要求就是遵守规范，一是遵守社会规范；二是遵守劳动规范。

（一）遵守社会规范

诚信劳动要遵守社会规范。这就要求我们在劳动中，一要遵纪守法，自觉学法、懂法，合法劳动；二要明礼诚信，行为举止、待人接物应该文明礼貌，与人交往应该信守承诺；三要团结友善，与人和睦相处，互助友爱；四要勤俭自强，勤奋工作，俭朴节约，积极进取；五要敬业奉献，恪尽职守，兢兢业业工作，克己奉公，服务社会。

随着社会的转型、多元文化价值观的冲击，作为一般的社会道德规范，诚信对于个人成长和社会发展都非常重要。对个人而言，诚信劳动是成就梦想的基石，个人只有诚信劳动才能立足社会，赢得尊重，通往成功；对社会而言，诚信劳动是推动社会发展的动力。我国经济、军事、科学、教育、医疗事业不断发展，社会不断进步，与无数诚信劳动者的卓越贡献和忘我拼搏是密不可分的。社会的和谐稳定，人民生活水平的持续改善，各个方面取得的巨大成就，无不证明了诚信劳动能推动社会文明高速发展。

（二）遵守劳动规范

韩非子说："万物莫不有规矩。"这句话的意思是万事万物都有其准则法度。孟子说："不以规矩，不能成方圆。"这句话的意思是生活处处需要规范，人们遵守规范，生活才会有秩序。可见，遵守规范是人们生活的基本要求。劳动具有规范性。诚信劳动要求劳动者在劳动过程中遵守团队或组织制定的劳动规范，履行个人或岗位职责，合理合法地劳动。

劳动规范的制定通常是为了保障生产安全，提高劳动质量和劳动效率。遵守劳动规范主要体现在两个方面：

1. 在劳动过程中讲诚信

在劳动中，自己的事情自己做，杜绝偷工减料、投机取巧、欺骗、窃取劳动资料和他人的劳动成果等行为；遵守规章制度，严格按照规范的流程操作，按时按质地完成劳动任务。

2. 对劳动过程中涉及的他人、团体和组织讲诚信

如对客户和同事讲诚信，真诚对待；对团队成员讲诚信，开诚布公，精诚合作；对上级领导讲诚信，信守承诺，说到做到。

二、实事求是

实事求是指从实际情况出发，不夸大，不缩小。诚信劳动不仅要求我们在法律法规和国家政策允许的范围内从事各种劳动，还要求我们在失误面前勇于担责，实事求是地

认识和对待自己的劳动过程与劳动成果。

不同的劳动，劳动环境和劳动条件有所差异。即使是同样的劳动环境和劳动条件，由于人的不同，能力大小的不同，产生的劳动效果也会有所不同。但只要我们在劳动中遵纪守法，做人纯粹，做事实在，对自己的劳动过程、劳动成果有一是一、有二是二，不夸大其词，不弄虚作假，不投机取巧，不坑蒙拐骗，不侵占他人的劳动成果，不损害集体的劳动利益，我们就问心无愧。

从古至今，培养人们正确的做人做事态度，实事求是一直是最基本的要求。孔子在教导子路时说："知之为知之，不知为不知，是知也！"荀子在表达行为的标准时说："能之曰能之，不能曰不能，行之至也。"欧阳修在《代人上王枢密求先集序书》中提到写好文章必须遵循的基本原则："言以载事，而文以饰言，事信言文，乃能表见于后世。"意思是言辞能够记载事件，文采可以装饰言辞，事情记录得真实可信，同时语言又有文采，这样的文章才能够呈现给后人看。不管是为人处世，还是做文章钻研学问，古人都追求实事求是，作为当代青年，我们更应该实事求是、诚信劳动。

三、脚踏实地

我国地质力学的创立者李四光对科学的态度是"让事实说话"，他曾说："科学是老老实实的东西，它要靠许许多多人民的劳动和智慧积累起来"。诚信劳动需要我们培养起脚踏实地的实干精神，对待劳动任务态度诚恳，埋头苦干，任劳任怨。

老子说："合抱之木，生于毫末；九层之台，起于累土；千里之行，始于足下。"做人也一样，我们需要脚踏实地，相信勤能补拙，付出终有收获。成功不是一朝一夕就能实现的，成功是一步一个脚印不断积累的过程。为了实现理想，我们需要从小事做起，不断提高自己的能力。然而，许多人认为用自己的能力做这些小事是浪费，认为有些小人物不值得关注。事实上，这些观点是错误的。一个人如果总想一步登天，不能脚踏实地，那么不管他做什么，不管他怎么做，终究不能取得出色的成绩。

有两个人，小军和小张，他们相约来到一家玩具模型加工厂工作。小军心高气傲，总想自己能够一步登天，并在大城市里做出一番事业，所以从进厂的第一天起，他就常常抱怨玩具模型加工工作枯燥无聊，每天都在做同样的事情，因而对工作缺乏热情，总是应付自己的工作。而同一时间来的小张却一直在脚踏实地地工作，不仅受到了领导赏识，还被送到夜校深造。最后，小军由于工作时心不在焉，损坏了一批玩具模型，给工厂造成了极大的损失，最终被老板解雇了。

有的人面对生活，整天怨天尤人，像小军一样眼高手低，想取得一些成绩，却不能脚踏实地，最后只能眼睁睁看着别人晋升和加薪，自己却失去了工作。这类人的抱怨不仅无济于事，而且对解决问题没有任何益处。反观小张，面对同样不尽如人意的工作，他可以通过自己的努力，脚踏实地找到出路，不断提高自己的能力，这才是智者的做法。

有些人在劳动的过程中投机取巧、弄虚作假，觉得这是自己高智商、高情商的表现。很明显，这种观念是完全错误的。只有诚信劳动才能获得最终的成功。诚信劳动是成就事业的基石，因为对自己职责范围内的工作敢于负责，不弄虚作假，对组织分配的任务态度诚恳，才会得到他人的尊重、信任和认可，坚定不移地脚踏实地，相信勤能补拙，付出终有收获。

第三节　培养合作劳动的意识

我们不仅需要独立地劳动，也需要在劳动中团结合作。我们在生产生活的过程中，为了达到共同利益和目的，或者为了将利益最大化，往往会选择合作劳动。例如，同学们一起完成化学实验，运动员相互配合完成体操训练，工人合作建造一幢高楼，科学家组建团队实现科研创新。个体的力量在许多劳动中往往显得太小，特别是对于那些环节复杂或技术含量较高的劳动，仅靠个人的力量往往显得势单力薄甚至无能为力。因此，我们需要寻求与他人合作，一起完成复杂或困难的劳动。

一、合作劳动的意义

合作劳动是一种联合行动的方式，是个人与个人、群体与群体之间为达到共同目的，彼此相互配合而进行的劳动。随着生产力的发展和社会的不断进步，劳动逐渐出现了分工，分工又会涉及合作。就现代社会而言，劳动与合作应该说是相辅相成的，特别是对复杂劳动而言，合作劳动是我们提高劳动效率、顺利完成劳动任务的必然选择。

那么，合作劳动究竟有哪些重要意义呢？

（一）合作劳动能满足人类群体的需求

在日常生活生产中，有的劳动过程繁杂或对劳动者的个人力量和能力要求较高，当单独依靠个人很难完成劳动任务时，就需要通过与他人合作，通过团队的力量来完成劳动。

（二）合作劳动能满足人际交往的需求

人是群居性的动物，有人际交往的需求。例如，人具有社交需求，希望与别人来往、结交；人具有情感需求，渴望友情、爱情等。在合作劳动中，人与人之间必然发生社交联系，人们从中获得不同的情感体验。例如，与家人合作劳动，能够使人认识到自己的价值和责任，有利于促进家庭关系和谐；与同学合作劳动，能够使彼此相互促进，收获友谊；与朋友合作劳动，能够建立牢固的友情，增进彼此之间的亲密感。

（三）合作劳动能满足自我发展的需求

通常在合作劳动开始之前我们需要合理组织和充分沟通，并且要有详细的劳动计划，为我们提供了相互学习、取长补短，以及锻炼个人能力的机会。同时，合作劳动也提供了充分展示个人知识和能力的舞台，既能满足个人展示的需求，又能创造出财富和价值，并使个体实现个人价值。

二、树立合作意识

"一个和尚挑水喝，两个和尚抬水喝，三个和尚没水喝。""一只蚂蚁来搬米，搬来搬去搬不起；两只蚂蚁来搬米，身体晃来又晃去；三只蚂蚁来搬米，轻轻抬着进洞里。"上面两种相似的场景产生了截然不同的结果："三个和尚"之所以"没水喝"是因为团队成员互相推诿、不讲协作；"三只蚂蚁来搬米"之所以能"轻轻抬着进洞里"，正是团队成员精诚合作的结果。

合作意识是指个体对共同行动及其行为规则的认知与情感，是合作行为产生的一个基本前提和重要基础。

近代天文学的奠基人、丹麦天文学家第谷·布拉赫用了30多年时间观察行星的位置，积累了丰富可靠的资料，但他不善于理论思维和科学整理，所以他未能进一步取得重大发现。去世前，第谷·布拉赫将用毕生心血得来的资料交给助手开普勒，并让他按这些资料编制星辰图表。之后，开普勒充分地运用了这些资料，又出色地发挥了自己的科学钻研精神，一举发现了行星运动的3大定律。这一天文学硕果的诞生，没有合作是不能轻易实现的。

如今，科技高速发展，社会分工精细，而个人的智力和水平总是有限的。为了共同的目的一起工作，已成为21世纪的主要工作模式。现代社会，人与人之间的沟通和协作越来越多，合作意识成了现代社会人们生存和发展必备的素质。未来，合作能力、协作能力、沟通能力非常强的人，将更加受到社会的青睐。

当代大学生拥有良好的学习环境和教育条件，为迎接新时代的挑战，应积极树立合作意识，奠定个人自我发展的基础。首先，我们要懂得自己与别人合作时，先付出对别人的信任，才会收到别人的信任。其次，有团队就可能出现竞争，我们应该树立团队意识，不应看重输赢，应注重参与。例如，足球比赛不会一味强调某位队员踢进了几个球，作为团队比赛，足球比赛不是一个人的事。我们更应该关注队员的参与精神，如是否跑完全场，是否积极与队员配合，是否积极参与防守、积极帮助别人助攻等。

现在，有的大学生一有空闲时间，就一个人看手机、玩计算机，很少与其他同学相约一起去外面参与体育类、竞技类的游戏，或者社会实践活动。因此，他们可能缺少合作意识。然而现代社会中，不管是日常生活，还是职场生活，团队合作都非常常见。缺少合作意识，在合作劳动中将不能很好地发挥自己的聪明才智，也不利于团队的团结。所以，为了自身发展，不落后于社会发展，大学生应当积极树立合作意识。

三、提升合作劳动的能力

合作能力是许多企业非常重视的能力，也是大学生创业必须具备的基本能力之一。合作强调的是协调、协作，大学生应该在平时加强这方面的锻炼，具体可参考以下 4 条建议。

（一）积极参与团队活动

参与并不仅仅是参加，它需要我们更多地在团队中展示自己的才能，让大家了解自己的观点、思想和个性。当然，积极参与不能是高谈阔论毫无实质的内容。当我们习惯积极参与团队活动时，我们自然更重视团队合作，也更能在团队中发挥出自己的能力。

（二）尊重团体每一位成员

尊重团体每一位成员是保证合作成功的基础。在团队中，即使你的能力十分突出，也需要倾听他人的意见和观点，不能随意打断他人的讲述或表现出不耐烦的情绪等。当自己与团队成员之间的观点不一致时，不能依仗自身在团队中的地位来武断地否决他人的观点，即使他们的观点是错误的，也需要晓之以理，不能独断专行。

（三）善于鼓励他人

在团队中，我们除了要提出自己的观点，还应该鼓励其他成员各抒己见，鼓励他们在团队中发挥自己的作用，让他们意识到自己的重要性。即不仅仅要让自己积极参与到团队中，还应该鼓励团队中的其他人也积极参与进来。

（四）有效地讨论问题

团队在劳动中，经常会采取开会讨论的形式处理各种问题。在讨论的过程中，大家各抒己见，但最终无法达成一致，或者无法解决问题，那么这种讨论就是无效的。在讨论中有效地解决问题，对团队而言是十分重要的。在讨论时，我们应该清楚说出提问理由和根据，说出自己的观点，且认真聆听他人意见，了解他人观点。

第四章 大学生公益劳动教育

第一节 培育关爱他人的奉献精神

一、奉献与奉献精神

走向社会，认识社会，服务社会，是当代大学生成才的必然要求。劳动是个人与社会之间的纽带。结合专业特点，动手实践，出力流汗，接受锻炼，磨炼意志，亲历实际的劳动过程，利用所学的知和技能服务他人和社会，切实体会社会主义社会平等、和谐的新型劳动关系，学会分工合作，学会建设世界，是当代大学生的责任与使命。

热爱公益服务性劳动，让社会充满能量。在我们的国家建设和社会发展过程中，涌现出了一批又一批的公益人，他们的先进事迹时刻鼓励、感动着我们，大学生应向他们学习那份对工作的激情和无私。正是因为有劳动者的无私奉献，我们才拥有了精彩的故事；也正是因为劳动者的责任意识，我们才拥有了今天的成就。时代在发展，社会在进步，公益性服务不能停止，我们的热情要更加澎湃，要有爱国爱家的担当精神，为中国经济社会发展汇聚强大正能量，激励更多的人来了解先进、学习先进、创造先进。

"奉"在金文中是象形文字，像一双手捧着玉，古代可以和"捧"通用。《说文解字》解释为"奉，承也"，是敬承的意思；《辞海》中有三重意思：捧；进献；进奉。"献"字在《说文·犬部》中被理解为"献，宗庙犬名羹献，犬肥者以献之"，段玉裁在《说文解字注》中将这句话解释为"献本祭祀奉犬牲之称"。《辞海》中"献"意为奉献；进修以表敬意。从字面意思来讲，奉献就是恭敬地交付、呈献或指奉献出的东西，意同贡献。

在社会主义新时期，各专家学者对奉献及奉献精神的含义有了更加丰富的解释。有人认为"奉献，是一种真诚自愿的付出行为，是一种纯洁高尚的精神境界"；有人认为"奉献就是不计回报的给予，是一种牺牲精神"，不是让人仰望的，而是发生在身边的；可以说"奉献既是一种高尚的情操，也是一种平凡的精神"。各专家学者的说法都离不开一个核心——自愿，都认为奉献是一种高尚的精神境界。依据以上理解，奉献可以概括为在合法的前提下，自愿满足他人和社会需求的行为，是一种高尚的精神境界，其实质是个人利益与他人利益、个人利益与社会利益关系的处理。

研究专家学者们对奉献精神的含义界定可以发现，学者们普遍认为奉献精神能够指导主体实施奉献，具有高度自觉性和不求等价交换的特征，核心是个人利益与他人、社会利益的关系问题，实质是一种高尚的道德品质，在处理个人与他人、社会利益的关系时，能够自觉让渡或舍弃个人利益。但也有一些学者提出，"新时期的奉献精神应对主体的自我物质需求有更多尊重与宽容，在'利人利己'的基础上谈奉献，在个人价值的实现与社会和谐的目的中讲'为人民服务'，通过'我为人人，人人为我'的新时期道德观来评价与审视主体的道德行为与道德目的"。奉献精神发展至今，其内涵上有了更加丰富的解读，其表现形式上发生了一些新的变化，当代奉献精神最具代表性的就是雷锋精神和志愿精神。

雷锋精神是以雷锋命名、以雷锋同志的精神特质为内涵的革命精神，其实质和核心是全心全意为人民服务的奉献精神，是奉献精神在当代解读的一个方面。

自毛泽东同志号召全党全国人民学雷锋以来，雷锋精神伴随着时代的进步不断丰富和发展着自己的内涵，到目前为止，雷锋精神包含了助人为乐、勤俭节约、爱岗敬业、积极进取、公而忘私等精神特质，与奉献精神特质高度一致。弘扬雷锋精神有利于社会主义核心价值体系建设，有利于社会主义精神文明建设，与奉献精神培育在意义上高度一致。

志愿精神又叫志愿服务精神，是指一种互动精神，它提倡互相帮助、助人自助，概括起来讲就是奉献、友爱、互助、进步，与奉献精神在实质和目标追求上是一致的。志愿精神起源于19世纪初，我国志愿精神的发展是在20世纪80年代末，近几年受到越来越广泛的关注。参与志愿服务的人称为志愿者。志愿精神的践行方式是志愿者凭借自己的双手、头脑、知识、爱心开展各种志愿服务活动，帮助那些处于困难和危机中的人们。志愿者的来源大都是大学生，提倡志愿精神有助于培育大学生的奉献精神。

社会主义道德建设对奉献精神的解读是我国对奉献精神的主流解读。社会主义道德建设为人民服务的核心，集体主义的原则，爱祖国、爱人民、爱劳动、爱科学、爱社会主义的基本要求，社会公德、职业道德、家庭美德的着力点都包含和渗透着奉献精神。社会主义道德基本要求"爱国守法、明礼诚信、团结友善、勤俭自强、敬业奉献"从社会生活的各方面要求着人们，也鼓励着人们为社会进步和国家建设而奉献。例如，在党员干部和军队建设中，奉献精神被解读为"全心全意为人民服务"；在职业道德中，奉献精神被解读为敬业奉献。

综上所述，社会主义新时期的奉献精神应该是以为人民服务为本质，在处理个人与他人、社会利益关系时，保持双赢或多赢局面，必要时让渡或舍弃个人利益保全他人、社会利益，具有高度自觉性和利他性的高尚的道德品质和精神追求。

二、培育奉献精神的意义

大学生奉献精神的培育近年来少有人提及，但奉献精神对于即将进入社会的大学生来说是不可或缺的，培育大学生奉献精神的意义重大。

奉献精神是一种价值追求，培育大学生奉献精神对培育和践行社会主义核心价值观起着积极的促进作用。

社会主义核心价值观的践行主体包括国家、社会团体和个人，但最基本的主体是个人，是广大人民群众。价值观是个人内心深处的信仰，奉献精神是个人的道德品质。国家主体和社会团体主体都依靠个人运作，因此，培育社会主义核心价值观主要是通过每个个体在发挥作用。

首先，奉献精神是一种价值追求，与社会主义核心价值观的要求是一致的。按照科学社会主义价值理想，共产主义社会将在打碎旧的国家机器、消灭私有制的基础上，消除阶级、城乡、脑力劳动和体力劳动之间的对立和差别，实现社会物质财富的极大丰富和人民精神境界的极大提高，实行各尽所能、各取所需，实现每个人自由而全面的发展，在人与人、人与社会、人与自然之间都形成和谐的关系。这样的价值理想与以为人民服务为本质，处理人与人、人与社会之间关系为实质，并且强调他人和社会利益的社会主义奉献精神相一致。

其次，奉献精神是一种思想观念，是个人高尚的精神境界，有利于帮助全国人民凝聚共识。一个国家的强盛不仅需要强大的物质实力，还需要达成明确而强大的价值共识，以满足人民的精神生活需要。

随着改革的不断深入，在物质生活极大丰富的同时，我国人民对精神文化生活的需求更加迫切，奉献精神作为积极健康的价值追求，更显得尤为可贵。培育大学生的奉献精神能够占领青年人的思想阵地，有助于人们凝聚共识。

最后，培育奉献精神有利于社会主义核心价值观的培育和践行，二者能够相互促进。培育大学生奉献精神能够带动全体劳动者积极投身于社会主义现代化的建设中，增加社会物质财富，符合富强、民主、文明、和谐的倡导；能够为社会发展带来动力，使统筹各方面利益更加便利，有利于实现人的自由发展，符合自由、平等、公正、法治的倡导；能够提高人们的道德品质和精神境界，符合爱国、敬业、诚信、友善的倡导。

三、培育奉献精神的对策

（一）增强自身在奉献精神培育中的主动性

主动性是个体按照自己规定或设置的目标行动，而不依赖外力推动的行为品质。只有增强大学生在奉献精神培育中的主动性，大学生才会改变对奉献精神培育的态度，变被动为主动，进而提高奉献精神培育的实效性。

（二）提高自己在奉献精神培育中的能力

大学生是奉献精神培育中的对象、参与者和实践者，培育奉献精神，需要大学生提高自己各方面的能力，包括学习能力、人际交往能力、实践能力等。

大学生是奉献精神培育的对象，要求大学生有较高的学习能力。奉献精神培育对大学生来说是一个自我学习的过程，大学生的学习能力越高，越能快速高效地帮助大学生培育奉献精神。大学生必须发挥自主性，主动学习理论知识、借鉴他人经验提高自己的学习能力；发挥主观能动性，思考学习方法、总结学习经验提高自己的学习能力。

大学生是奉献精神培育的参与者和实践者，要求大学生有较高的人际交往能力和实践能力。

第一，作为参与者和实践者，大学生需要积极配合和参与奉献精神的培育活动，因此，需要提高自身的人际交往能力。一方面，可以和培育者进行良好交流，以有利于自己的学习；另一方面，可以在参与如"春运志愿者"等具体的奉献活动时与帮助对象进行良好交流，有助于完成奉献活动。提高人际交往能力可以通过多看书丰富自己的词汇量与阅历，多与人交流锻炼自己的口才和心理素质。更重要的是要通过看书和与人交流了解社情民情，能够设身处地为社会和他人着想，这样才能更好地与人沟通交流。

第二，奉献活动需要大学生自己组织策划并将其付诸实践，提高大学生的实践能力有助于大学生将所学理论运用于实践中，有助于大学生践行奉献精神。

提高大学生实践能力的方法很多，如参加实训课程、参加各类比赛竞赛，或者参加各类适合自己的实践活动，但参加奉献实践活动一定是适合所有人的方式之一。无论采用什么方式方法，大学生都要在实践中积累经验，锻炼和提高自己的能力。

（三）将奉献精神内化为自己的道德品质

"每一个人思想品德的形成都是从知、情、信、意、行这几个心理过程的基本要素的运动变化开始的"，因此，新时代大学生奉献精神的培育要端正大学生对奉献精神及奉献精神培育的认识，让大学生了解奉献精神及奉献精神培育的内涵和意义，对奉献精神及奉献精神培育产生正面的情感，坚持奉献精神的意志，践行奉献精神的信念，最后外化奉献精神为自己的行为。所以，首先要解决思想的内部转化问题。

第一，正确认识奉献精神及奉献精神培育的内涵、意义，树立正确的世界观、人生观、价值观。思想品德结构有思想、心理、行为三个子系统，其中思想包括人的世界观、人生观、价值观等内容。思想制约和支配着思想品德的其他两个方面，又与其他两方面共同构成思想品德，具有非常重要的地位。大学生奉献精神的培育应发挥大学生自身的作用，树立正确的世界观、人生观、价值观，尤其在价值观方面，应注重个人价值与社会价值的统一，树立人的价值在于为社会多做贡献的价值观。

第二，自觉培养对奉献精神及奉献精神培育的认同。对事物的认同需要对这一事物产生正面的情感。培养对奉献精神及奉献精神培育的认同感，大学生可在对它们正确认识和理解的基础上，了解一些与奉献精神相关的小故事，在正面情感的感化下逐渐形成对它们的认同。

（四）在践行奉献精神方面做到知行统一

大学生奉献精神培育要求践行奉献精神，做到知行统一。行为是道德品质的重要构成、外在表现和重要标志，大学生奉献精神培育最终落脚点一定是在大学生的行为上。人的内在思想可以总称为"想"，人的行为可以称为"做"，想和做之间是存在差距的，会想不一定会做，只有通过实践，变想为做，才能说某人身上具有某种道德品质。大学生奉献精神培育只有变想为做才能真正实现自己的价值。大学生践行奉献精神，参与奉献活动，就是变"想"为"做"，完成思想品德的外化过程。大学生作为奉献精神的参与者和践行者必须敢想敢做，敢于担当，勇于实践。

担当就是接受并负起责任，敢于担当就是要对国家、社会、他人和自己负起责任来。奉献精神培育要求大学生有高度的社会责任感，对大学生而言，努力学习、不断进取和超越自己就是对自己负责，就是为践行奉献精神做准备，就是培养自己的社会责任感，就是敢于担当。大学生践行奉献精神在敢于担当的基础上还需勇于实践。

实践是培育大学生奉献精神的有效途径，大学生要有主动实践意识，积极参加各类奉献活动，培养自己的社会责任感和奉献意识，拓宽知识面与视野，锻炼表达与社交、团队合作与组织管理等各方面的能力，在实践中体会奉献的美，感受奉献的快乐，使奉献精神真正成为自己的道德品质。

第二节　培养超越自我的责任意识

一、责任意识

责任意识是指主体在了解社会赋予自身的角色的基础上，对角色职责的自我意识。责任意识是主体自我意识的体现，它是责任认知、责任情感与态度，以及责任意志的综合体，包括两方面的内容，即自我责任意识和社会责任意识，通过生命意识、环保意识、忠诚意识、使命意识、关爱意识等自我意识表现出来。责任意识反映了主体自我意识的自觉程度，说明真正具有责任意识的主体应该是自由自觉的存在，能够在自我意识的指导下做出理性选择。当个体在丧失自由的强权状态下按照某种要求产生的思想就并非责任意识，因为其思想与行为是出于被动强迫而非主观自觉。

大学生的责任意识是指大学生这一特殊群体所具有的对责任对象负责的自觉意识。

大学生作为责任主体，因其扮演的角色不同，承担的责任不同，所具有的责任意识也具有特殊性。大学生首先是青年学生的身份，要对自己的健康成长负责，因此，应具有生命责任意识；大学生是父母的子女，要对家庭的存续负责，应具有家庭责任意识；大学生是社会人，要对国家和民族负责，竭力完成从"校园人"向"职业人"的社会性转化，做中国特色社会主义的可靠建设者和接班人，应具有使命意识和奉献意识。大学生责任意识的特殊性源于两个方面：现实要求上，"421"的家庭模式和中华民族伟大复兴的历史任务赋予了大学生责任与众不同的内容与意义，出于更多的社会期待，大学生的责任意识必须着眼于整体；主观条件上，作为年轻人中的优秀群体，大学生又是最有思想力和易感性的人群，比"小学生""中学生"更理性，比中年人、老年人更热情，因此，更要主动肩负、时刻承担责任。

大学生责任意识是指作为责任主体的大学生在对其角色的社会要求具有一定理解和认识的基础上，在自觉意识支配下形成的对自己和他人、家庭和社会、国家和民族等责任对象，而承担责任或履行义务的认知水平、情感态度以及意志品质的综合。大学生责任意识既包括对国家、社会、家庭等对象的社会责任意识，也包括对自己生存和发展所必需的自我责任意识。

二、公益服务性劳动中的责任意识

（一）他人责任意识

我国古代的思想家们提倡"修己安人"的思想，推崇珍视自我、关爱他人的道德品质，如孔子云"己欲立而立人，己欲达而达人""己所不欲，勿施于人"。这些思想表明人不仅仅要对自己负责，而且还要关爱他人，对他人负责。他人是个人社会生活的必要条件，个人与他人的相互作用才构成社会，脱离他人的社会是不存在的，个人也就无法独自生活。随着社会分工的扩大，人与人的交往更加密切，相互尊重、相互关爱的意识更加强烈，这就要求我们必须正确处理好个人与他人之间的关系，树立正确的他人责任意识。因此，大学生在与他人相处的过程中要懂得尊重他人，尊重他人的人格发展，如尊重老师，尊重同学，构建良好的师生、生生关系。同时，大学生必须关爱和帮助他人，树立助人为乐、乐善好施的他人责任意识。在社会中，大学生应该积极承担社会人应该承担的责任，在危难之时尽自己的绵薄之力，积极投身于救援的队伍中，以自己的实际行动深化他人责任意识。

（二）社会责任意识

人是社会中的人，人必须承担起社会赋予的责任和使命，即社会责任。与之相对应的，社会责任意识是一种道德情感，强调的是社会成员在一定社会条件中对社会承担责任的态度，包括热爱祖国、国家富强、服务人民、奉献社会等。那么，当代大学生作为国家的希望、民族的未来，作为社会主义事业的建设者和接班人，更应该具备社会责任意识，尊重被社会认同的主流思想与价值观念，遵守社会的基本道德与法律规范，以此来服务和奉献社会。首先，大学生必须具备爱国责任意识，弘扬爱国主义传统道德，把自己的命运与国家的发展联系起来，用实际行动来报效祖国。其次，大学生必须遵循以人为本的理念，坚守为人民服务的宗旨，用自己所学的知识与技能服务人民，为更好地满足人民的生活而不断学习、为获得更有价值的人生而努力付出。

三、大学生责任意识培育的途径

第一，提高自我的认识能力。自我认识是强化自我意识的前提，也是加强大学生自我责任意识的关键，个体只有在正确认识和评价自己之后，才能进行自我教育。所以，只有提高自身的认识能力，对自我责任意识进行分析与判断，才能认识到自我责任意识培育的重要性，进而加强培育意识。一是在价值多元化的影响下，树立正确的价值观念是大学生提高自我认识能力的风向标，特别是在个人利益与国家、社会利益发生冲突时，大学生必须以正确的理想信念和价值观为指导，正确认识个人与国家、社会的关系，积极主动地承担社会责任，为社会谋福利。二是在日常的学习生活中，大学生要明确自身的优缺点，善于发现自我的缺陷和问题，不断地进行反思与总结，不断地完善自我。

第二，提升自我的情感道德。自我情感是加强大学生自我责任意识的核心。个体只有具备正向的、积极的情感道德，才能激发自我的内心意识，促使主体调整自己的情绪和行为习惯，实现自我教育。首先，在自我情感的培养中，"爱"是最重要的因素，拥有爱自己、爱他人、爱国家等情感道德的人，才能更好地履行自己的责任，实现自我的人生价值。其中，珍爱生命是自我情感的开端，是自我教育的首要内容。因此，大学生必须尊重和关爱生命，感悟和探索生命的价值。其次，感恩作为一种正向的、积极的情感，是最持久永恒的爱心来源，大学生要树立感恩意识，学会感恩，感恩父母，感恩社会，感恩国家，感恩自然。最后，学会换位思考，学会从别人的角度出发，理解他人所面临的困境和难处，这有利于大学生调控自身的情绪，调整心态，缓解压力，从而培养积极乐观的人生态度。

第三，培育大学生的自我意志力。自我意志力是加强大学生自我责任意识的动力和保障。个体只有具备自强不息、吃苦耐劳的意志品质，才能在艰难困苦中不断进取、不断超越，促进自身发展。当代大学生的生活条件大都比较优越，蒙受家庭和学校的庇护，这使得很多大学生没有经受过人生的苦难和挫折，生活相对安逸和舒适。因此，在自我责任意识培育的过程中，个体需要克服一些困难和抵制各种诱惑，有时还需要付出几倍的时间和精力，这一过程必须通过自我意志力来保障完成。

同时，拥有自律、自强的意志力，还可以激发大学生饱满的情绪热情，激励大学生勇于面对困难与挫折，反思自我的不足，勇于承担起社会赋予的责任和使命，服务社会。

第三节　培育爱国爱民的担当意识

一、担当意识

中国传统文化下的担当通常是以家国责任为对象的，一般包括四个层面：其一，爱国担当，即为民者爱国护国的担当精神，如文天祥之言"留取丹心照汗青"等就是民对国之爱；其二，奉公意识，即为政者履职尽责的担当精神，如《淮南子·主术训》中有言"衡之于左右，无私轻重……绳之于内外，无私曲直"表达了为政者应有清正廉明之担当；其三，务实勤恳，即事业者应有实干精神，如《申鉴·俗嫌》中有言"不受虚言，不听浮术，不采华名，不兴伪事"表达了为人处世应实实在在、务实尽责的担当品质；其四，无所畏惧，即世人敢担家国大任的担当意志，如孔子曾言"仁者不忧，知者不惑，勇者不惧"就表达了世人应有不惧艰难险阻的担当精神。总结来看，中国传统文化下的担当包含了爱国、奉公、务实、勇敢等精神。

二、厚植爱国情怀

中华民族伟大复兴的中国梦是中华民族的集体梦想与目标。这一目标有着高度的非利己性，只有以爱国奉献作为意识基础，才能够形成对中华民族伟大复兴的有效担当。具体来看，爱国奉献责任担当主要涵盖了以下三个层面。

第一，建立民族自豪感和自尊心，为国家与民族发展而由衷自豪，有维护国家和民族尊严的使命感与责任心。中国特色社会主义发展条件下的中国命运也是党和社会的命运，爱国与爱党、爱社会高度统一才是鲜活、真实、有意义的爱国精神，这也是新时代下中国青年爱国主义最基本的条件。具体来说，大学生要建立起爱国精神，不仅体现在口头上，还要在工作和生活中形成践行爱国精神的责任意识，要在国家和民族尊严遭到侵害时主动站出来维护，要积极付出个人贡献来强化和彰显国家与民族尊严，缺乏爱国精神基础必然无法在民族复兴过程中投入个人最大能力与贡献。对于大学生来说，民族复兴大任必须建立在强烈民族自豪感和自尊心的基础上，真正履行公民爱国义务。教育者则需要全面加强大学生爱国奉献精神、社会责任精神等教育，全面强化大学生维护国家尊严的自主性与积极性，进而强化其担当民族伟大复兴责任的主观意愿。

第二，建立始终将国家与民族利益放在首位的自觉意识。中华民族的伟大复兴是国家"工程"、民族"工程"，这一伟大"工程"需要所有参与者都应将国家和人民利益放在首位。这样，一方面能够实现高度团结统一发展力量构建，另一方面能够有效调动广大人民群众在中国梦实现过程中的参与力度，发挥人民群众的主体力量。从根本上来说，中华民族伟大复兴的最终目标是让中国人民拥有幸福美好的生活、优质的国民教育、充满活力的工作、公平满意的劳动收入、可靠的社会保障、舒适的居住环境以及优美的生态环境。这些民族复兴的细分目标都是以国家和人民利益为核心的，只有以国家和人民利益为先，才能够构建人民幸福的国富民强之基石，才能够发展和完善人民幸福的民族振兴之前提，才能够达成人民幸福中国梦的终极目标。由此，大学生在担当民族复兴大任的实践过程中，必须要时刻将国家和人民利益放在首位，形成高度自觉意识，这样才能够形成内在的、自主的爱国奉献精神，真正为民族复兴事业贡献有效力量。

第三，坚持宣传和弘扬爱国奉献精神的积极意识。爱国主义精神的核心价值在于其广泛性和群体性的叠加效应，个体的爱国行为在国家尊严保护方面的力量有限，但个人行为能够对集体行为产生辐射影响，可以带动集体爱国主义行为。

当然，个人被动的爱国主义精神与行为示范效果也是有限的。主动宣传和弘扬爱国奉献精神才能更有效地带动自己身边群体一同建立和践行爱国奉献精神，催生集体爱国奉献的行为。新时代大学生是社会发展的中坚力量，同时也是时代发展中最重要的精神标杆和传播者，更是群众意见领袖诞生率最高的群体。这一群体必须坚持宣传和弘扬爱国奉献精神，主动将爱国奉献思想有效传播到大众当中，真正带动基层人民群众模仿和学习自己在爱国精神实践中的思想和行为，促进广大人民群众形成集体爱国、集体奉献的精神，将青年的先进思想与崇高理想融入民族理想中，成为民族理想发展的引领者，带动全国人民群众共同爱国奉献，从而为中华民族的伟大复兴注入更充足的动力。

第五章　大学生素质教育路径研究

第一节　高校素质教育与人才培养

一、素质教育的历史背景

（一）社会动因：实施科教兴国，提高人口素质

素质教育的提出与全面推进，与当今社会的发展趋势密切相关。20 世纪中叶以来，以电子计算机、通信技术、网络技术等为代表的新技术革命，给人们的经济和社会生活带来了巨大变化。经济发展越来越依赖于产品的科技含量和水平；知识成为经济生活的主导力量，对知识的重视和高效利用，成为个人或组织获得财富和成功的标志；国家间的竞争日益激烈，并趋向于全球化和一体化。一个以知识和信息的生产、分配和使用为基础，以创造性人力资源为依托，以高新科技产业以及信息咨询业和管理为主的服务业为支柱的新时代即将来临，[①]因此，在知识经济时代背景下，许多国家都意识到，国家间的竞争取决于科技间的竞争，科技间的竞争归根结底是人才的竞争。人才的培养依靠教育，只有高质量的教育才能培养高素质的人才。所以，为了在激烈的国家竞争中立于不败之地，优先发展教育、增加教育投入、大力培养创新型和高科技人才、将终身教育和学习型社会写进政策或法规，成为许多国家一致的立国之策。总之，21 世纪是知识和人才主导的时代，国力兴衰和社会发展主要依赖人才的素质和教育的进步，这已成为国际社会的共识和潮流。

世界发达国家的发展经验已经证明，发达国家之发达，不仅是经济、政治、军事等方面的发达，更是科技和教育的发达。更为重要的是，经济、政治、军事等方面的发达，无一不是以科技和教育的发达为前提和基础的。因此，科学技术是第一生产力，而基础在教育。也就是说，中国要实现现代化，一个更为重要的方面便是实施科教兴国，提高人口素质。十一届三中全会以来，党和国家十分重视教育和人才的战略地位。20 世纪90 年代中期，国家又提出"科教兴国"战略。无论是实施科教兴国，还是提高人口素质，都必须依托一个正确、健康而全面的教育去培养优秀人才和合格公民。只有拥有了这样一批优秀人才和合格公民，中国才能从根本上改善人口素质，社会各项事业发展才能达

---

① 陈磊，等. 素质教育新论[M]. 武汉：武汉理工大学出版社，2003：1.

到一个现代化国家的应有水平。因此，全面实施素质教育便成为一种客观要求。

（二）直接动因：从根本上治理"应试教育"

简言之，根治"应试教育"的顽症，是素质教育产生的直接原因。

中国是考试的故乡。从中国汉代的"察举"、魏晋南北朝的"九品中正制"，到隋朝的科举，中国人发明了考试，但考试也异化了中国教育。特别是科举制作为社会筛选人才的一种重要手段，有着不可磨灭的历史作用，但同时也给中国教育留下了"学而优则仕""读书做官"等种种祸患。应该说，古代科举制强调"十年寒窗苦读，只为博取功名"，成为"应试教育"的最大代表。必须看到，科举制到明清两代时已演变为"八股取士"，这大大窒息了教育和社会的健康发展，危害了数代人。1977 年以后，虽然学校又开始成为培养人的神圣殿堂、重新充满了琅琅读书声，教师又开始进行正常的教育教学，学生又开始读书学习，但不能否认的事实是，中国教育又再次回复到"应试教育"的老路上。虽然之后教育部多次发布通知或规定，要求学校要全面贯彻党的教育方针、纠正片面追求升学率的做法、减轻学生学业负担，但一直收效甚微，以致"应试教育"成为中国基础教育发展中的一大"顽疾"。

应该看到，科举制的遗患——"应试教育"，长存于各级各类学校的教育教学中。它偏离国家教育方针，以片面教育培养片面发展的人。这主要表现在：按照高考要求设置学科、讲授内容、安排教师、设计活动；高考考什么，教师就教什么，高考怎么考，教师就怎么教；教育行政部门、学校、教师、家长一致追求的唯一目标就是升学率；学校置大多数学生于不顾，只关注少数尖子生；教师只关注学生应试能力的发展，无视学生综合素质的形成。其实在 20 世纪 80 年代，许多有识之士就已开始意识到"应试教育"的危害性，例如，应试教育体制下培养出的学生"高分低能"、学校生活被肢解、师生关系紧张等，最终将影响人才培养的质量和全民族的素质。

因此，只有克服现有教育的弊端，才能培养出适合时代发展和社会进步所需要的人才。进一步说，以提高国民素质为宗旨、注重全体学生德、智、体、美等全面发展的"素质教育"必将应运而生，并逐渐走入国家政策，走进学校真实的教育生活当中。"应试教育"是中国教育改革与发展过程中的最大障碍。中国的教育改革首先应该改革"应试教育"。

二、素质教育的定义和目标

（一）何为素质教育

要了解素质教育，就要先认识"素质"的含义。对于"素质"一词，不同的学科有其不同含义。在教育学上，素质指的是人在先天发展的基础上，受后天自然环境、人文环境等外界因素的影响，逐渐形成的较为稳定的个人身心发展的基本品质。而心理学的解释是：素质是一个人文化水平的高低，身体的健康程度，以及家族遗传与自己的惯性思维能力和对事物的洞察能力，管理能力，智商、情商层次高低以及与职业技能所达级别的综合体现。

通过以上定义可知，不同学科对素质的认识存在不同，教育学更侧重于后天环境影响，而心理学更看中人的先天基础。但两个定义有一个共同特点，就是都注重先天基础与后天环境影响在"素质"形成中的作用，只是侧重点不一样而已。但对于"素质教育"这一名词，学界至今没有明确定义。一般认为，所谓的素质教育是"依据人的发展和社会发展的实际需要，以全面提高全体学生的基本素质为根本目的，以尊重学生个性，注重开发人的身心潜能，并注重形成人的健全个性为根本特征的教育。素质教育，就是把具有人的基本形态的高等动物培养成为具有人的基本素质的真正人的教育"。素质教育的根本目的是"全面提高全体学生的根本素质"，其根本特征是"尊重学生个性、注重开发人的身心潜能，并注重形成人的健全个性"。相比于应试教育而言，素质教育能从根本上帮助学生"不惟明字句，而且得精神"，这对于培养学生严谨的学习态度、深厚的知识底蕴具有重要辅助作用。因此，素质教育的范围较为宽广，一般将注重受教育者身心发展和强调学生内化的教育方式都归纳于此。相对而言，只求表面、不注重学生身心健康发展的教育都与此无关。从更加广义的角度来讲，人的培养一定离不开素质教育，即便是传统的应试教育，也有素质教育的成分包含其中。因此，只要是涉及学生德、智、体、美、劳全面培养的内容都属于素质教育的范畴，它离我们并不遥远。同时还要注意，素质教育的要求并不是一成不变的，随着时代的进步与发展，素质教育的内容也一直在与时俱进。

（二）素质教育的内容

素质教育的实施是一个全面、系统、完整的过程，它涵盖了素质教育实施的内容、方法以及载体等各种要素。素质教育实施过程中，一个重要的先决条件就是要科学完善地界定出素质教育的核心理念，这是一个复杂全面的过程，需要我们结合高校发展实际与当代大学生的身体特点予以归纳总结。只有对素质教育的核心理念有了全面的认识，才能有针对性地、准确高效地实施素质教育。否则素质教育的实施将是一句空话，非但不能达到预期效果，反而造成主次不明、层次混乱、发力不当的严重后果。经过前期调研，一般认为素质教育的核心内容主要包括以下几个方面。

1. 思想素质

思想素质决定了高校学生发展进步的方向，是大学生沿着正确道路发展前进的根本，也是素质教育在高校群体中实施的基本先决条件。高校学生思想素质的提升可以从以下几个方面入手：第一，用马克思主义中国化的最新理论成果充实完善自己，树立正确的价值观念、思想观念以及对世界的正确认识；第二，积极投入社会主义核心价值体系的建构与认知中，努力提升自己的道德素质，并以实际行动坚定理想信念；第三，要努力学习国史，尤其对中国近代史做深入的研究，了解祖国近代的苦难，增强民族责任意识，树立"天下兴亡，匹夫有责"的国家责任观念；第四，要以国内外先进的文化典籍熏陶自己，不断开阔眼界，增加知识储备，形成多元文化的国际视野。

2. 思维能力

思辨性是大学生应具备的重要技能，也是大学生核心竞争力中的一个重要组成部分。如果说思想素质是实施素质教育的"航向"，那么思维能力就是推动航船前进的"发动机"。它如同一把锋利的"手术刀"，帮助高校学生在漫漫征途中披荆斩棘，从各个角度全面、系统、思辨地发现问题、思考问题并解决问题。当代大学生如何提升思考问题的能力呢？可以从四个方面进行：第一，学习哲学思想，培养思考问题的思辨性，善于从不同角度入手探索问题，并不断提升思考问题的深度和广度，真正"深入进去、钻研进去"；第二，要培养批判思维，要敢于对权威说"不"，善于质疑、敢于质疑，在比较中发现问题，在问题中提出见解，在见解中说出自己的批判意见，不断提高思维弹力和思维爆发力；第三，培养思维创新能力，要敢于突破常规，"敢为天下先"，不拘泥于形式，不拘泥于传统，提升思维认识的独创性、突破性，从新颖的角度发现问题，提出建议；第四，要培养从全局出发思考问题的能力，即培养思维"战略性"，远离感性判断问题，以理性思维审视问题，深入分析问题的内外关联及影响因素，并判断问题的发展方向，以科学的规律认识它，以高效的方式解决它，不断提升思维的全局性与长远性。

3. 心理素质

当代社会发展速度快，社会压力逐渐增大，对人的承受能力不断提出新的要求，过硬的心理素质、健康的心理发展轨迹是适应当代社会高速发展，保证当代高校学生沿着正确的道路前行的必然要求。概括而言，良好的心理素质主要在以下几方面发挥作用。

第一，提升高校学生的自我约束力和克服困难的能力。面对困难，健康向上的心态总能给人以正面暗示，帮助学生以乐观积极的心态面对困难，并时刻提醒学生哪些事情不应触碰，约束学生在正确道路上前行。第二，能够帮助高校学生及时调整心态。生活学习中，苦难挫折在所难免，受挫后的心情调节尤为重要，一蹶不振、垂头丧气是最不可取的面对方式。乐观的心态能帮助人们正视遇到的困难、挫折和失败，帮助人们逐渐从负面情绪中走出来，以崭新的态度面对新的难题，并及时消除负面情绪。第三，帮助高校学生塑造过硬的心理素质。过硬的心理素质的塑造，前提是有乐观健康的心态，这是塑造过硬的心理素质的前提。可以说，过硬的心理素质就是乐观心态的累积，一旦形成这种心态，学生就能较少受到负面情绪的干扰。总之，健康的心理素质对帮助学生勇敢面对外来刺激，形成积极、成熟的心态具有重要作用。

4. 学习能力

常言道，"活到老，学到老"，人的一生并非只是在校期间才能学习进步，社会发展日新月异，只有紧跟时代步伐，具备时刻学习、完善自己的能力，才能保证自身知识的更新换代，并确保自身紧跟时代步伐。因此，对"渔"的掌握远远重要于"鱼"的获取。树立学习能力，可以从以下几个方面进行：第一，灌输给高校学生自主学习、终身学习的观念。行为习惯的养成，往往从观念的灌输开始，要使高校学生养成学习的自主性，明确学习目的，实现学生学习的自主、自愿。第二，要培养学生形成良好、高效的学习习惯。缺乏科学性、条理性、逻辑性的学习方式，必然存在效率低下、知识吸收不完整的缺点。健康的学习方式不仅能带来继续学习的乐趣，也是学生长期学习、终身学习的前提；相反，为了学习而学习，这种盲目学习的方式难以持久。第三，引导高校学生在掌握本专业技能的同时，放宽学习视野，进行跨领域、跨学科学习。这种跨学科学习要遵循合理性、条理性的学习方式，注意由点及线，由线至面，逐渐构建起系统学习的网络。同时，积极引导学生学以致用，将所学知识、理论应用到实践当中，达到"学以致用"的学习目的。

（三）素质教育的作用

与应试教育不同，素质教育更加注重人文关怀，关注学生的身心健康发展。素质教育的关注点主要包括以下几方面：学生的潜能性开发、主体性定位、发展性拓展、价值性体现、创造性引导以及全面性展开。这与传统的"死记硬背""读书不读理"相比有很大差异。素质教育是对传统教育中落后内容的摈弃和对优质教育内容的升华。它最重要的价值是回归到人的层面，将人的价值提升作为教育的出发点和落脚点。它注重人性关怀，在剖析传统教育的基础上，批判教育弊病，发掘真正适合于挖掘学生潜力的教育方式。素质教育的实施，对当下社会教育的发展具有重要的借鉴意义和现实意义。

1. 注重人的发展的全面性和整体性

第一，立足当下、着眼未来是素质教育的一大特征。素质教育认为人是可塑的，当下教育不过是孩子人生路上的一个阶段而已，当下教育的目的是为学生以后的人格养成、思辨思维的能力做铺垫，不仅仅着眼于文化课成绩，更侧重于学生发展性与独特性的挖掘。

第二，开放性也是素质教育关注的重要内容。人是社会中的一员，交流是提升人类认识、增进人们发展的重要一环。传统教育不注重人际交流，甚至认为学生交流频繁会影响课堂管理与组织教学。素质教育从人作为社会的个体出发，重视人的表达、交际能力，对完善人格的养成具有重要意义。

第三，主动性培养是素质教育的一项重要内容。传统课堂上的学生习惯了老师安排，往往不具备主动性，在问题的认识上习惯了老师"灌输"，不能积极主动地去发现问题、思考问题，甚至进行团队协作。素质教育就是要打破这种静态、被动的学习方式，提升学生主动、积极的动手和动脑能力，不是"你要听"，而是听完后"你想到了什么"，以及"为何这样想"。

第四，素质教育注重学生发展的整体性，促进学生全面健康发展。在目前主流教育方式的影响下，很多时候教育只是课堂内容的灌输，是纯理性的灌输。但对于需要从感性角度切入的学生而言，纯理性内容的直接导入是一种"教育冷漠"，特别是对于年龄较低、社会阅历较浅的人而言更是如此。人的认识肯定是感性认知—理性归纳的过程。目前高校教育中存在的一个问题是，理科学生对人文知识一概不知，文科学生不明白一些基本的自然原理。学科之间脱节的现象应当引起人们的广泛重视。素质教育从培养学生的完整性出发，打破学科之间的壁垒，以学生自身兴趣为导向的同时，注重精神与物质、理性与感性的和谐统一，避免"各自为政"。

第五，重视主体性是素质教育的一大重要特征。教育的目的是培养更加优秀的人才，但一定要"因材施教"，换句话说，就是重视学生，将学生作为教学主体，以学生的兴趣点和承受能力作为施教的方向，切不可揠苗助长，将学生单纯作为接受知识的容器。这样做的后果往往是既不能达到预定目标，又让学生丧失了学习的动力和兴趣。

2. 能提升人的科学文化素养，培养人的创新能力

从某种角度而言，教育就是文化的延续与传承。从源头上来说，教育产生的目的在于增加个体之间的文化连接，以推动人类文明的发展与传承。教育过程，就是将文化种子播撒到年轻一代的过程，将他们培养成为新的文化接班人，从而保证文化传承载体的延续与发展。以教育学的观点来看，文化的含义很深刻。一方面文化影响着人们的文化性，另一方面教育又培养人们的文化性。这其中的文化性，就是指科学素养与文化素养。

人类文化发展的进程十分曲折。早在古希腊时期，朴素的人文科学与自然科学一道，浑然一体，这时的文化发展是以"人"为中心的，人的自由性得到充分尊重。到中世纪时期，神学占据文化主导地位，人性被神性所压制。一直到文艺复兴时期，人的主体自由性才得以释放。这一曲折的发展过程中，人本主义战胜神本主义主要依靠两个方面：第一，古希腊先贤的人文学科基础；第二，资本主义经济发展后，人们逐渐产生并完善的理性思维。科学与人文的发展，共同为人类进步发挥作用。

文艺复兴到 20 世纪 30、40 年代，资本主义经济的发展对技术进步有强烈要求，因此这一时期科学发展进入了"黄金高速阶段"，而人文学科的地位则逐渐下降，科学发展直接进入统治地位。1945 以后，科学技术仍占据重要地位，科技进步与军事工业、金融、通信等重要行业都有着紧密相关的联系，然而在科技发展和物质进步的背后，人的精神危机日益凸显。于是，现代人本主义思潮迅速发展起来，它猛烈抨击科技发展带来

的人格力量的退化，引起了人本主义与科学主义的激烈冲突，在冲突与碰撞中，双方都有了新的进步，彼此相互反省，相互借鉴，促使人文和科技处在平衡与和谐发展的环境中。

文化的含义范围很广，只有人文与科技和谐发展，才能促成文化的完整。任何狭小的科技抑或片面的人文都是不完整的文化，是文化的异化，文化是一个宽广的范畴、包容的范畴，文化是人类的文化。同样，接受优秀教育的人，也是人格独立的人，有完整个性与健康人格的人。那么，目前哪种教育方式具备这种功能呢？

素质教育正是一种通过教育培育具备完整文化个性的教育方式。首先，素质教育强调文化发展的整体统一性，既不单独强调科技，也不片面重视人文，二者的协调与完整才是素质教育追求的重要内容。其次，素质教育注重培养人的文化创新与文化传承能力的统一，这既克服了传统教育方式在文化创新方面的滞后性，又为文化传承提供新的可供参考的传承方式。素质教育讲求多观察、多动手、多思考，这与文化的"动态活性"发展和传承的理念一脉相承，对文化发展具有重要意义。

3. 推动人的可持续性发展

素质教育培养注重"未来性"，是"成人之道"，将人的能力提升和生存发展作为培养的重要内容，以培养人的创造性、完整而独立的人格作为素质教育的归宿点。

第一，类似素质教育的理念古已有之。古希腊的"认识你自己"，近代卢梭的"自然主义教育"，以及古代中国的"因材施教"都包含这朴素而又宝贵的素质教育理念。

第二，素质教育是教育的返璞归真。正如夸美纽斯所言，在教育孩子的过程中，我们无须为孩子们添加什么，只需要把孩子的内心固有的东西展现出来，告诉他需要什么，适合做什么。这句话虽然有点片面，但也从另外一个方面启发我们，素质教育的重点是引导，而不是灌输。教育目的的达成必然与社会发展息息相关，这是社会、自然、科技等各方面相互碰撞的结果。但我们往往在注重社会因素的同时，忽视了人的主体性。素质教育正是通过"弥补"的方式，极力为人们的健康发展保留一席空间。它以挖掘人的禀赋为目的，以改变现有社会教育环境为起点，努力实现人的个性张扬与人格完善。

第三，素质教育是对"全面发展教育"理念的超越。众所周知，国内教育一直以培养全面发展的现代化人才为指导思路，素质教育同样提倡人的全面发展，这一层面上二者具有相通性。但素质教育作为新时代的发展产物，又有其新的特点，它以全面发展教育理念为依托，同时又是对这一教育理念的超越，这主要基于以下几个方面：素质教育是对全面发展教育理念的提炼；素质教育以人为教育中心，是在注重个体成长的基础上的全面发展理念，不是传统教育理念下的全面发展理念；素质教育虽注重学生的全面发展，但根本在于提升学生的创造性，挖掘学生的发展潜力，完善学生的独立人格。

第二节　素质教育的时代要求与历史责任

一、素质教育的提出与内涵

"素质教育"这一概念，开始是针对中小学"应试教育"而提出的。约定俗成，"素质"被定义为：由先天的遗传禀赋与后天环境的影响及教育的作用结合而形成的相对稳定的基本品质结构。素质教育，是以培养和加强人的综合素质为目的的教育。知识、能力、素质是既有区别又相互联系的辩证统一关系。素质教育是在传播知识和发展能力的基础上进行的，目的是在现有条件的基础上，通过教育、环境的影响和学生个人自身的努力，养成一种内在的、综合的、稳定的个性心理和行为品质。其内涵一般包括四类，即思想文化素质、业务素质、心理素质和身体素质，每一类又有各自比较稳定的层面与内容。

在高等教育背景下提出"素质教育"是为了改变单纯的科技教育及过窄的专业教育的状况，同时也不排斥改变大学生亦有的"应试教育的弊端"。现在人们更多地从检讨20世纪50年代初的高等院校院系调整出发，阐述改变这一状况的有力方法就是在当代大学生培养中加强素质教育。

总之，在大学中提倡素质教育是内部与外部、历史与现实综合作用的必然结果，它能将个人发展与社会发展两种教育的基本功能统一起来。因此，上升到规律理论的高度来看，素质教育的努力指向正是为了使教育内部与外部关系规律实现和谐互动。

二、素质教育实施的重要意义

随着科学技术的飞速发展和知识经济时代的到来，社会对人才的培养提出了新的要求。为适应时代发展，国家提出全面实施科教兴国战略。多年来，素质教育在理论探索和实践运用方面都取得了丰硕的成果，但我们必须清醒地认识到，大学生素质教育相比于中小学生素质教育而言，呈现出相对滞后的现象，改革的力度和时效性都有待加强。

大学生的素质状况将关系到国家民族的前途命运。全面推进素质教育，积极探索大学生素质教育的新内容和新机制，培养理想信念坚定、道德情操高尚、理论基础扎实、具有创新精神和实践能力的优秀人才，使当代大学生在德、智、体、美等方面全面发展，是高等院校人才培养的一项紧迫任务，也是我国高等教育改革的应有之义。

高校实施素质教育就必须坚持"以人为本"的教育理念，以教师为主导，以学生为主体，培养社会所需要的具有综合素质和能力的人才。大量事实表明，要想培养和提高大学生的综合素质和能力，仅仅靠目前的课堂教育是不可能完全实现的，必须调动各方面的力量，整合多方面的教育资源，按照素质教育的要求来开发、培养。对于学生来讲，通过第一课堂（教学主渠道）完成学业是将来就业、择业和发展的基础，而要在社会中形成自己的竞争优势，则主要依靠第二课堂（课外科技文化活动）和第三课堂（社会实践活动）的素质培养和锻炼。基于此，在人才培养方面，大学生素质拓展的主题正是体现了第一课堂、第二课堂与第三课堂的有机结合。因此，高校素质教育理念为大学生素质拓展奠定了坚实的理论基础。

三、素质教育在新形势下的高等教育中的特点

高等教育的基本特点不同于中小学教育，高等教育中的素质教育也并非如中小学一样针对"应试教育"而提出，这就决定了大学生素质教育必定有自己的特点。

（一）高于普通教育的素质教育水平

高等教育在性质、任务和教育对象等方面体现出它的两个特点：一是高等教育是建立在普通教育基础之上的专业性教育，以培养各种专门人才为目标；二是大学生一般是18岁以上的青年，他们的身心发展已趋于成熟。根据高等教育的这两个特点，我们认为大学生的素质教育必须有别于普通的素质教育，大学生所接受的教育主要是建立在普通教育基础上的"专业性教育"。因此，大学生素质教育的良好基础应在中小学阶段就已形成，并以此为基础在大学阶段对大学生的基本品质、能力结构等方面，加以发展、完善和相对地"高深化"，这是大学生素质教育的一个主要特点。

简而言之，素质教育也是一个系统工程，在不同阶段有着不同的内容和要求。一方面，由于过去我国中小学教育受应试教育的影响极大，忽视素质教育，所以现在对大学生素质教育的"补课"有其必要性；另一方面，我们必须看到这只是一个权益性的"恶补"，如果大学生的素质教育不与中小学的素质教育相互衔接且配套地进行，老是如此"恶补"下去，势必冲击大学生对"高深专门学问"的学习和研究。事实上，对大学生进行素质教育的主要措施之一是在大学课堂开设人文素质教育方面的课程，然而在实际操作过程中却遇到两个问题：一是现在大学生一周五天的课程已经很紧张了，再用"加法"增课令学生不堪重负；二是人文素质必须由人文知识"下学上达"地"内化"才能转化为素质，多上几节人文方面的素质教育课程是否就能立竿见影地提高大学生的素质，这值得商榷。这两个问题都折射出准确把握大学生素质教育的特点十分重要；否则，中小学"欠债"大学还，长此以往，最后可能导致大学生的素质教育和专业教育都抓了、又都抓不好的结果。常言道"不能就教育论教育"，我们在这一问题上同样不能孤立地、单纯地谈论大学生素质教育。

（二）多样化

与中小学普通教育不同，大学进行专业性教育。如果说普通教育培养的是普通的文明人，那么高等教育培养的则是学有所长的先进文明人。在大学里有理科、文科、工科等各种学科，在大文科中不仅包含文、史、哲等专业，还包含经济、艺术等专业。因此，大学生素质教育也存在多样化的问题，这也是大学生素质教育的一个重要特点。不同层次、不同类型的高等教育机构，对受教育者的素质教育的要求也应有所不同。例如，国内重点大学的素质教育，无疑不应与某些专科学校的素质教育在内容、层次上一样；即使在这些重点大学内部，学习不同科类的大学生，其素质教育的侧重点及要求也不应强求一致。没有区别就意味着否认层次和类型，没有特色必定造成千校一样、万人一面，这样素质教育就没有意义和效果了。当然，无论哪一种层次和类型，大学生素质教育都必须有一个下限标准。这里所谈的特点，旨在强调大学生素质教育必须与其专业性教育的层次和类型相对应。其中，大学生多样化的素质教育是相对的，而高于普通教育的素质教育水平是绝对的。

四、素质教育实施中面临的问题与挑战

当代大学生的总体素质是好的，从学习、工作和生活情况分析，呈现出向上发展的趋势，但是，当代大学生在基本素质方面仍存在一些问题。例如：

第一，缺少政治敏锐性。有些大学生常常以自我为中心来看待政治问题，而对于社会上的敏感性政治热点问题，有时候缺乏辨别是非的能力，容易冲动、不理智，从而酿成大错，追悔莫及。

第二，思想道德素质不高。少数大学生缺乏为国家强盛和民族复兴而奋斗的崇高理想和思想境界，缺乏责任感和奉献精神，还有一些人道德认同感较差，基础文明素质薄弱，道德认知与道德行为严重脱节，不遵守公共秩序、不爱护公共财物、不讲究社会公德等现象常有发生。

第三，专业应用能力偏低。在当前就业大潮的影响下，一些大学生存在重理论、轻实践的误区，过分看重理论基础知识的学习，而忽视实验、实习等实践课程，以至于知识结构不合理、专业专长不突出、实际操作能力不足，毕业后一时难以适应就业市场的激烈竞争。

第四，身心素质堪忧。部分学生自我定位偏高，但由于心理发展尚未成熟，心理承受能力较弱，在学习、就业、情感等方面遇到困难和挫折时，往往出现焦虑、烦恼、自卑、孤独、忧郁、嫉妒等不良心理，甚至产生悲观失望情绪和精神失常等不良后果。

第五，创新意识不强。部分大学生受自小学到中学一贯以教师为主导的教学模式影

响，在大学的学习生活中仍满足于在教师"教"与"授"的引导下完成既定的学习任务，而对学习任务以外的知识缺乏积极探索的精神，不积极参加课外活动（特别是课外科技活动）。一旦走出校门，面对社会上日新月异的新事物往往茫然失措，无所适从，缺乏对问题的独立思考能力和解决能力。

五、素质教育包含的内容

新形势下，大学生素质教育是以全面提高学生的基本素质为根本目的，培养高尚品格，注重身心健康，尊重学生的主动精神，开发智力潜能，培育健全个性，发展创新能力。因此，大学生的素质教育必须包括以下几个方面：

第一，政治素质教育。思想政治教育是素质教育的灵魂。思想政治教育体现了一个人的政治立场、人生态度和价值观念，体现了对社会主义的坚定信念和对祖国、对人民的忠诚和献身精神，体现了一个人的道德品质和思想修养。只有树立起正确的思想观念，培养出良好的道德品质，才能够有效地激发出大学生的创新精神和智慧。大学生思想政治素质教育要渗透到大学教育的各个环节，贯穿大学素质教育的全过程。

第二，道德素质教育。道德素质教育是素质教育的根基。教育的基本职责就是引导受教育者学会立身社会、如何做人。要教大学生学会明辨是非，分清荣辱，怀有崇高理想，培养高尚情操，树立正确的人生观和价值观。要加强爱国主义、集体主义、社会主义教育，教育大学生将自己的理想和前途与国家的前途和命运连在一起，努力成为社会主义事业合格的建设者和接班人。

第三，专业素质教育。专业素质教育是素质教育的主体。要创新教育思想、培养模式、专业设置、教学内容、教学方法，构建适应素质教育的人才培养体系。通过专业素质教育，使大学生成为基础扎实、知识丰富、敢于创新、素质优良、具有专业知识运用能力和实践操作能力的人。专业素质教育为把大学生培养成为创新型人才奠定坚实的基础。

第四，文化素质教育。文化素质教育是素质教育的基础。优秀的创新人才必须具有广博而深厚的文化底蕴、扎实而牢固的文化素质基础，具有科学的思维方法、健康的审美能力，能够正确处理社会问题，把自己和谐地融入社会之中。通过文化素质教育，让大学生学会用辩证唯物主义和历史唯物主义的立场、观点、方法，分析现实生活中的政治、经济、文化、道德现象，学会把握自己的人生。

第五，身心素质教育。身心素质教育是素质教育的载体。心理素质对其他素质的培养有着明显的影响。良好的心理素质是人格健全的重要标志，是个人成长的内在动力，是学习专业知识和培养创新意识的必要条件。身心素质是大学生长知识、长修养、提高行为成效，为祖国和人民做贡献的前提和基础。一个人只有具有了健康的体魄和良好的心理素质，才能保持充沛的体力和精力，迎接来自社会各个方面的严峻挑战。因此，在进行素质教育时，必须加强学生的身心素质教育。

第六，创新素质教育。创新素质教育是素质教育的核心。创新素质主要包括创新精神、创新意识、创新思维、创新方法和创新能力。大学生具备了良好的思想品德素质、身心素质、文化素质和业务素质，并不能说明他们就已经具有了较强的创新和创业能力。要培养具有创新素质的人才，必须进行创新素质教育，开发学生的创新潜质，提高他们的创新和创业能力，使他们成为我国在激烈的国际竞争中始终立于不败之地的栋梁之材。

六、大学生素质教育发展的方向

在新形势下，当代大学生和高校如何在素质教育过程中找准定位、落在实处，这是摆在教育者和受教育者面前的一个重要现实课题。

（一）大学生应提升自己的学习能力

大学的学习方法和初中、高中阶段不一样。在大学里，一般情况下老师讲什么就考什么，不需要做太多的课外习题。大学里的各门功课考试没有及格率，不存在学生之间的竞争，只要学会和掌握了重点知识就能考出好成绩。所以，只要认真听课、做好复习、学习态度端正，在大学里考高分是容易的。然而，在大学里除了学好所有课程之外，大学生还应该掌握走向社会、适应社会必备的能力，如一定的计算机应用能力；大学生应具有收集资料、文献检索的能力；具有文字处理和数据处理能力；工科的学生还应该学会熟练运用一些必备的常用分析软件。除此之外，当代大学生更需要了解中国历史，了解历史人物和历史事件；阅读经典名著，帮助大学生了解世界不同时期的风土人情；学习哲学，如中国哲学中的儒、释、道思想，外国哲学中的尼采、叔本华的主要思想等。这些都可以使大学生的认识更接近于事物的本质，使大学生能更客观地看待自己的人生。

（二）大学生应注重沟通交流能力

人是各种社会关系的总和。社会是大的集体，人不能孤立于社会，所以社会生活中人与人之间的交流很重要。因此，大学生应注意与父母、同学、老师之间的沟通和交流。大学生要了解交流对象的心理，要掌握娴熟的交流谈判技能。说话要思路清晰、语言简洁、清楚明了。为了提高沟通交流能力，在校大学生应该多参加社团活动与社会实践活动，在实践中不断锻炼自己。

（三）大学生应有健康的生活态度

辩证唯物主义告诉我们，很多事物不以我们的意志为转移，我们不能改变的，就必须学会适应。比如大学生不应对专业的选择过分看重，学习任何专业都有可能作出不凡的成就。每个人都会遇到挫折和不幸，叔本华认为"幸福和痛苦是绳之两边"，人总是在经历着痛苦，但人不可能总是痛苦，也不可能总是幸福，更不能既不痛苦也不幸福。积极面对、坦然诚实、乐观向上、无怨无悔才是健康的人生态度。江山代有才人出，当代大学生必须端正态度，履行时代赋予的使命，才能活出精彩的人生。

（四）高校应加强大学生的管理和引导工作

高校要选择综合素养较高的人才承担政治辅导员工作，而基层辅导员应了解每个学生的思想动态和兴趣爱好，加强日常学生管理，积极引导，使学生在学习、生活、思想上能及时得到帮助。高校教师、管理者、后勤服务人员，都应积极参与到学生的综合素质教育过程中来，努力做到教书育人、管理育人、服务育人，让高校培养的学生不但是高素质人才，更是讲文明的合格公民。

有些高校的先进经验应大力推广。如在大一、大二和大四等学生素质培养的关键节点上，学校各专业可邀请相关专业人员、心理学家、知名企业家等做现场报告，这种名人效应在学生综合素质培养中的作用明显。再如，学校应让大一新生多与专业老师接触，让学生更好地了解专业的研究方向，明确学习基础知识和专业知识的重要性，让他们的学习更有目的性，提高学习兴趣。同时，专业老师应给予学生更全面的思想教育和就业指导，缓解辅导员的工作压力，提高素质教育的效果。

综上所述，加强大学生素质教育，培养具有综合素质的人才是高等教育教学改革的重要任务和内容，也是国家经济社会发展对高等教育工作提出的时代要求，更是高等院校与教育工作者义不容辞的社会责任和历史责任。

第三节　推进大学生校园文化建设

20世纪90年代以来，素质教育的观点被逐渐引入高等教育，全面推进素质教育，成为高等教育教学改革的主旋律。大学校园文化建设与素质教育两者之间的相互作用，对加强大学校园文化建设在提高大学生思想道德素质方面起着积极作用。因此，独具特色的充满生机和活力的校园文化在培养全面发展的高素质人才中发挥越来越大的育人功能。

一、校园文化的内涵及价值

关于"文化"的定义，《辞海》的解释为："从广义来说，指人类社会历史实践过程中所创造的物质财富和精神财富的总和。从狭义来说，指精神生产能力和精神产品，包括一切形式：自然科学、技术科学、社会意识形态，有时又专指教育、科学、文学、艺术、卫生、体育等方面的知识与设施。作为一种历史现象，每一社会都有与其相适应的文化，并随着社会物质生产的发展而发展。"从《辞海》的解释可以看出，教育是文化的重要组成部分。

校园文化自身的特性，决定了它在实施素质教育过程中具有其他教育形式所无法替代的独特优势。校园文化作为大学生全体成员共同拥有的价值观念和价值体系，既为大学生全体成员所创造，同时又塑造了包括大学生在内的这个群体。关于大学校园文化的定义，专家学者有多种解释，比较普遍被接受的说法是：大学校园文化是指大学在长期办学实践中所创造和逐步形成的集教育思想、管理制度、教学科研、课外活动和环境建设等多种因素于一体的群体文化，这种文化为全校师生员工所认同和遵循。校园文化是社会主义先进文化的重要组成部分。就其特性而言，校园文化是一种社会亚文化（又称"副文化""小群体文化"，是指因社会或自然因素而形成的，在某些方面有别于整体文化的地区文化或群体文化，既具有整体文化的基本特征，又具有其独特性），它与社会文化密切关联又有区别。校园文化的核心是大学生所特有的思想观念、心理素质、价值取向和思维方式。校园文化的本质是具有校园特色的人文环境和文化氛围。

校园文化的内涵可分为以下层次：物质文化、制度文化、行为文化、精神文化等。其中，物质文化是校园文化的外层表现，是以物质形态存在的"硬件环境"中所蕴含的文化，主要通过校园的建筑布局、建筑风格、物质设施、绿化美化等物质形态表现出来，包括教学科研设施、工作生活场所以及校园绿化环境等，这些是直观的校园文化构成要素。在发挥熏陶感染力的文化功能上，清澈芬芳、格调雅洁的大学校园环境绝不比空洞枯燥的说教效果差。

校园文化作为一种社会亚文化，在宏观上被社会主义文化所控制和引导，处于从属地位。但是，校园文化对社会文化并不是简单地认同和被动地接受，而是根据社会发展与进步以及一个时期的社会生产、生活水平，进行新的选择、整合或排列，即吐故纳新。

二、新形势下校园文化的综合素质育人功能

学校教育的对象是学生，学校教育的目的是育人，而对学生文化素养的培育和精神世界的塑造是学校教育的应有之义。从校园文化的内涵和所具有的功能来看，它与素质教育的目标在根本上是一致的，即促进大学生的全面发展。

第一，从内涵上看，校园文化所具有的构成要素符合学生人文精神的构成需要。"人是一种动物，悬挂在他自己编织的有意义的网上。"大学生追求的是高品位的精神生活，他们的社会地位、知识水平及年龄心理特征，都使他们向往高尚的文化生活，寻求高层次的精神享受，形成高雅的文化生活氛围。优良的校园文化，必然是高尚、美好的，是

积极向上、健康文明的，是充满青春活力、时代气息的。对大学生来说，校园文化可以娱乐其身心，陶冶其性情，潜移其品性，培养其情操，塑造其灵魂，从而有利于大学生文化素养和精神人格的形成和提高。

第二，从功能上看，校园文化可以促进人的全面发展。校园文化格调轻松高雅，形式丰富多样，教育目标明确。学生积极地组织和参与最适合自己的文化活动，既是参与者和受教者，又是创造者和教育者。时代要求有更多既掌握科学技术又具备道德品质的人才，还要具备既有鲜明的个性和丰富的情感，又能快速适应社会改革的全面发展的创新能力。现有的教育方式把人分为教育者和被教育者，把教育过程与教室外的生活有意无意地隔绝开来，局限了学校教育对人的全面发展的作用。

三、加强校园文化建设的着力点

（一）转变观念，达成共识

加强政治引导，调控主流文化。校园文化是社会主义精神文明的重要内容，因此，用社会主义的意识形态来引导校园文化建设是社会主义高校办学宗旨的应有之义。大学历来就是各种文化思潮的汇集地，高校不能搞无主题变奏，应该高举中国特色社会主义价值体系伟大旗帜，加强爱国主义、集体主义和社会主义教育，弘扬中华民族优良的思想文化，培养有理想、有道德、有文化、有纪律的社会主义公民。

（二）坚持校园文化建设基本原则不动摇

校园文化建设必须坚持以人为本的原则。以学生的需要和发展为前提，脱离了受教育者需要的校园文化也就偏离了校园文化建设的本质与初衷。校园文化建设不是为了建设而建设，它所起的教育作用、引导作用必须与素质教育的要求相结合，服务于素质教育。坚持知行合一原则，理论来源于实践，实践也要靠理论的指导。坚持精心设计重在建设原则，校园文化的建设不是跟风追潮，各高校必须在符合自己校园文化的内容上下功夫，总结典型，凝练特色；坚持发挥师生主体作用原则。师生是校园文化建设的参与者，更是受益者；坚持不断创新与发展原则，校园文化建设既要坚持传统，也要与时俱进，这样才能跟上时代的步伐。

（三）正确定位，加强校园文化建设

校园文化建设的根本目的是全面提高学生的素质，使其成为全面发展的人才。鉴于此，我们必须把校园文化建设作为全面贯彻党的教育方针、培养"四有"新人的一项重要任务来抓，积极自觉地把校园文化建设规划到学校总体性建设中，纳入正常的办学轨道。不仅要在物质上给予支持，而且要在思想认识上给予重视，还要组织力量进行理论研究，使校园文化建设成为学校发展的重要内容。

（四）充分发挥学生的主体作用和教职工的主导作用

学校的品位不是一两个人的品位，它与整个学校的每一个人和每一件物有关。校园文化建设的核心是广大青年学生的素质发展，必须确立以青年学生为主体的观念，要教育引导学生在自我认识、自我教育、自我服务、自我管理的一系列过程中，逐步确立起主体意识，发挥主体精神，以主人翁的姿态投身于如火如荼的校园文化建设中；与此同时，还必须充分认识到教职员工对校园文化建设的主导作用，引导他们在校园文化建设中履行教育、管理、引导职责。

教师是校园文化的教育设计者，其本身的文化素养所体现出来的师德、学识水平、人格魅力及教学艺术是校园文化的重要组成部分，学生对整个校园文化的认识、体验就是从教师开始的。学校管理人员的素养从一个特定的角度影响着学校的品位。当管理人员通过他们的管理体现出与学校文化相协调的精神时，他们肯定能对学校的品位建设产生积极影响。因此，高校教职员工要充分发挥教育、管理、服务"三合一"功能，转变工作观念，由传统的管理型向新型的引导服务型转变，注重教育与服务相结合，尊重、关心学生，把自己的外在权威转化为内在权威，通过自身的人格魅力、精神境界、道德修养等去影响学生。

（五）校区共建，构建校园文化建设的大系统

校园文化是以校园为主要空间的一种群体文化，但校园不是"世外桃源"，校园文化不仅仅是"围墙"里的文化，它既受整个社会政治、经济等因素的影响，又反作用于社会。这就决定了加强校园文化建设，必须齐抓共建，充分调动一切有利因素，对社会大环境中的积极因素实行"拿来主义"，积极争取广大作家、艺术家、科学家、英雄劳模等参与到校园文化建设中来，积极争取社会对校园文化建设的投资，广泛建立青年教师和学生的社会实践基地，进而形成一个社会各方面通力协作、齐抓共建校园文化的大系统，促进大学生全面素质的发展。

（六）充分发挥网络在校园文化建设中的积极作用

信息网络技术的迅猛发展，使我国社会的政治、经济、科学、文化等诸领域正在发生广泛而深刻的变化，这为我们在新形势下加强校园文化建设既带来了难得的机遇，也带来了严峻的挑战。信息网络不仅是一种高技术手段，而且是一种文化、一种潮流，校园文化要实现现代化，就不能落在时代潮流之后，被潮流"拖着走"，而应主动跃入其中，使其更好地为我使用。只有借助网络的优势，才能使校园文化建设与时俱进、拓宽阵地、增强能力、保持优势。校园文化建设要重视网上道德建设，面对信息网络的开放性，要教育引导大学生树立正确的道德观念。面对信息网络的共享性，要教育引导大学

生培养高尚的道德情操。面对信息网络的虚拟性，要教育引导广大大学生建立严格的道德规范。

高校校园文化建设是实施大学生综合素质提升的前提条件和重要途径。校园文化是师生在长期实践中所创造的具有校园特色的文化活动和环境，直接影响着学校的教育质量，也关系到社会主义人才培养的大问题。校园文化较强的导向功能通过独具特色的活动内容和形式把政治思想教育渗透于校园文化的各种活动之中，直接地或潜移默化地引导学生健康成长。同时，高校校园文化建设的根本目的和最终体现是全面提高大学生的综合素质。高校素质教育是通过校园文化来实施的。校园文化与素质教育是形式与内容的关系。高校大学生诸多素质之中首要的思想道德素质是通过校园文化的导向功能所体现出的积极引导态势来形成和确立的，对大学生的信仰道德起到正确的导向作用，使学生掌握更多的生存与竞争本领，更能适应社会发展的需要。

第四节　培养大学生通识教育

一、通识教育的来源

通识教育源于古希腊的自由教育，是出于一种价值理性的思想，其认为教育的目的不是为了谋生或者某种功利，而是为了完善人的心智，促进人的发展。通识教育是指对所有大学生普遍进行的共同内容的教育，目的是要将受教育者作为一个具有主体性的完整的人而施以的全面的教育，使受教育者在人格与学问、理智与情感、身与心各方面得到自由、和谐、全面的发展，并能够在自身和谐的基础上寻求与他人、社会和自然的和谐共存。

长期以来，由于受苏联教育模式的影响，我国高等教育过分强调专业教育而忽视通识教育；强调如何做事的知识学习，忽视如何做人、如何生活的人格教育。当下大学教育仍存在功利性太强等倾向，尤其是在市场经济条件下，大学教育目标纷纷向市场需求方向调整，过于看重人的工具性价值，而忽视人的主体性价值，以致出现忽视文化陶冶，使学生的人文素质和思想修养不够；设置过窄的专业，使学生的学术视野和专业领域受到限制；注重功利性导向，使学生的基础训练和全面发展受到影响；强调共性的发展，使学生的个性发展受到抑制等负面情况。大学通识教育的提出是对过去过分强调专业教育的纠正，是要让学生学会做人、学会学习、学会做事、学会生活、学会发展，成为和谐发展、全面发展的人。

值得注意的是，就通识教育本身而言，根据不同方面的理解，解释和定义数不胜数。通识教育能实现什么样的目标以及它真的能给我们带来什么样的启示才是我们真正想要关注和需要关注的。笔者认为，大学通识教育的根本出发点是构建包括独立、自省和宽容在内的理性精神，培养大学生系统深入的思考能力、批判思维能力、独立明智的判断力；帮助大学生认识自我、反思自我、战胜自我、超越自我。

二、通识教育的真正内涵

（一）通识教育的优势

1. 通识教育能促进学生的全面发展，对学生的升学与就业有好处。涉猎文、史、哲、自然科学等多样化学科，能使学生具有综合素质，培养他们不同的思维，具有综合能力；同时，涉猎多领域、多学科使学生有更广阔的天地，在进一步升学或就业方面提供更多选择，扩大就业面。

2. 通识教育能使学生对自己的专业兴趣进行再思考，从而选择自己最感兴趣的专业。美国的大学生在前两年的学习中，不分专业，而是进行通识教育，第三学年才选择专业，进入专业学院学习具体的专业课程，通过学习涉足不同学科、不同领域，使学生找到自己真正兴趣所在，最终从事自己真正向往与愿意为之奋斗终生的专业。

3. 通识教育更注重的是知识基础的广博性。通识教育并不否定科学教育和专门教育，它旨在为被教育者提供"统一的知识"。"统一的知识"是指更为基础的和普遍的知识，是一种更为重要的知识。20 世纪 70 年代哈佛大学通识教育改革的设计者认为，通识教育的好处可能会随着年龄的增加、身心的成熟、世事的洞察和生活经验的丰富而越发显著。最重要的是，通识教育是专业学术能力在其最高层次的实施中所不可或缺的。

（二）通识教育的真谛

爱因斯坦指出：用专业知识教育人是不够的。通过专业教育，他可能成为一种有用的机器，但是不能成为一个全面发展的人。要使学生对价值有所理解并且产生感情，那是最基本的。他必须获得对美丑和道德上的善恶鲜明的辨别力。

在这样的背景下，素质教育理念逐渐形成。素质教育的目的是促进学生全面发展，全面发展不等于平均的全面发展，而是和谐的全面发展，正因为如此，通识教育便显得尤其重要。通识教育是对高等教育专门化、功利化导致的人的片面发展的一种矫正和超越，是高等教育本质和大学使命的回归。

在中国大学的历史上，对于通识教育，高等教育的先驱们有过很好的倡导。蔡元培先生提倡大学本科要"融通文理两科之界限"。梅贻琦认为，大学教育观的核心是通才教育，并系统地提出通才教育的理念，强调"通识为本，专识为末"，"社会所需要者，通才为大，而专家次之。以无通才为基础之专家临民，其结果不为新民，而为扰民"；他认为，"工科教育于适度的技术化之外，要取得充分的社会化与人文化"，"是工业化问题中最核心的一个问题"。学生应具有自然、社会与人文三方面的知识，大学教育应着眼于对学生进行基本训练、培养通才，也就是清华大学当时能培养出众多大师级学者的成功之道。

中国古典名著《大学》中有这样一段话描述大学："大学之道，在明明德，在亲民，在止于至善。知止而后有定，定而后能静，静而后能安，安而后能虑，虑而后能得。物有本末，事有终始，知所先后，则近道矣。古之欲明明德于天下者，先治其国，欲治其国者，先齐其家；欲齐其家者，先修其身；欲修其身者，先正其心；欲正其心者，先诚其意；欲诚其意者，先致其知，致知在格物。"

四、有中国特色的通识教育在 21 世纪如何更好地发展

（一）元培计划的实施

北京大学于 2001 年 9 月正式启动了以老校长蔡元培的名字命名的本科教育和教学改革项目——元培计划。元培计划的教育理念是：把本科教育定位为整个高等教育（十年或九年）的基础教育阶段。在此阶段，实行低年级通识教育和高年级宽口径的专业教育相结合的培养模式。该模式是"加强基础、淡化专业、因材施教、分流培养"方针的延续和深化。在此模式框架内，探索自由选课学分制、导师全程指导制、弹性学制和教学资源许可条件下的自由选择专业制，实现能力和素质的全面培养，为研究生教育输送高素质的生源，为经济建设和社会发展提供适应能力强的毕业生。

元培计划的设计源于对大学本科教育的基本认识。一是突出本科教育的目的，主要是进行大学基础教育，培养基础扎实、知识结构合理、创新意识强烈、具有良好自学能力和动手能力、适应性强的高素质人才；二是适应研究生教育阶段的需要。良好的本科教育基础可以为研究生教育提供更大的发展空间，也可以使学生成为社会需要的适应性强的复合型人才。元培计划吸收了哈佛大学通识教育方案的一些内容，结合北京大学的特点，把现有的学科学分制改为教学计划和导师指导下的自由选课学分制结合起来，把通识教育和宽口径的专业教育结合起来。元培计划通过新生中的"二次招生"方式，招收 100 人（文理科各 50 人）作为实施的试点。元培计划的通识课程的实施与组织引起人们的极大关注，可以说该校在实施通识教育方面迈出了很大的步伐，但就其实施范围来看，在北京大学只是局部试验，就全国高校而言还是凤毛麟角，其培养方案就全面素质教育、通识教育而言，也还留有一定的发展空间。

（二）探索高校改革模式

武汉大学早在 20 世纪 70 年代末就在全国率先实行学分制，开设选修课，开始了通识教育实践的探索。其中，20 世纪 80 年代末 90 年代初实施的将文、史、哲基础打通，按大类招生培养的本科教育改革，旨在夯实基础、拓宽知识面，培养出来的学生得到了专家的称赞。继武汉大学之后，全国有一批重点大学和部分地方院校相继实行了此项改

革，取得了明显的成效。近年来，部分学校采取在低年级实行通识教育、在高年级实行宽口径专业教育的人才培养模式，实质上还是将通识教育限定为通识类课程。其通识课程（有的学校也称"文化素质课程"）包括数学与自然科学、社会科学、历史学、语言文学与艺术等。就其形式和内容来看，这些课程都是实施素质教育、通识教育的体现，其探索与改革对我国的通识教育有很强的借鉴意义。

（三）强化师德师风建设

老师是学生的引导者和指路人。高校要加强对教师的师德教育，组织教师在工作中学习通识知识，并能结合专业教育对学生进行素质教育；高校应当弘扬中国的传统文化，教师要以身作则，培养大学生的诚信意识、合作意识、礼仪意识和人伦意识；减少高校行政化倾向，组建高效的教学管理团队。高校管理者的价值取向，往往与教师的工作热情、校园学风、学生气质的发展密切相关，所以，高校一定要重视管理团队的建设工作。

（四）探寻通识教育的隐性课程内容与实践模式

完整的通识教育不仅涉及教学内容和课程体系，还应包括以隐蔽的、潜在的、渗透的方式作用于每一个学生的教育因素，诸如校园文化与素质拓展活动等。相对于显性课堂内容而言，它属隐性课程范畴。所谓通识教育隐性课程，是指学校中持续不断、无所不在、有形无形服务于通识教育的教育资源，包括物质情境（学校建筑、教室布置、教育设备、隐喻的教科书内容）、人际情境（师生关系、同学关系、班级气氛、人际关系）和文化情境（治校理念、校训、教师言行、校园文化、评价奖惩、社团活动、实践活动、课堂规则与程序）等。通识教育隐性课程对学生的影响是不容忽视的，它具有认识导向功能、情感陶冶功能、行为规范功能等，它能对学生施以积极的影响，促进学生良好品德、健全人格的形成。而大学生素质拓展计划以其内容的广泛全面、形式的活泼多样、组织的纵横交错、管理的自觉自愿，消除了学生的自我封闭意识，在交往中开放了自我，了解了对方，学到了真知，升华了情感，塑造了人格，促进了健康情绪的产生以及诸如果敢、自制和坚韧等意志品质的养成，从而最大限度地激发了自我潜能，达到了通识教育的目的。所以，利用大学生素质拓展计划的教育管理平台探寻通识教育隐性课程内容与实践模式，必将成为深化通识教育的重要途径。

通识教育的根本目的在于引导青年大学生个体置身现实的局限时能保持对美好事物的追求，由此而激发人对高贵人性的欲求，实现自我存在的整全性。因此，大学通识教育的根本出发点也反映了大学神圣的社会使命，那就是追求精神独立、超越当下、批判创新、自由包容。大学培养现代社会的职业人，但大学首先要培养真正的人，帮助学生构建理性的精神王国，在这个王国里。思想可以自由驰骋，人格可以得到完善，人性可以得到升华。

第五节　利用新媒体推动大学生素质教育

新媒体以新技术为支撑，如手机短信、移动电视、数字杂志等。自 20 世纪 90 年代末以来，随着科学技术的发展，互联网、手机媒体、数字电视等以新技术的应用、海量信息处理及充分互动为特征的新媒体在我国得以迅速发展，并深刻地影响着人们的社会生活。新媒体将成为主流媒体，新话语将成为主流话语，新思维将成为主流思维方式。

高校担负着传播社会主义先进文化和培育社会主义事业建设者和接班人的重任，而作为社会主义事业建设者后备军的大学生是"数字化生存"的最先体验者，新媒体已成为他们实现人际交往、表达个人意志的重要方式。新媒体的交互性和创新性为大学生提供了与世界同步发展和充分展示个人才能的空间，为他们成长、成才开辟了一条全新的道路。他们的行为方式、思想观念已深深地烙上了新媒体时代的印迹。在信息化时代，如何在新媒体的双重影响下，使得大学生能够及时获取有利于自身发展的信息，又能甄别新媒体中的混杂信息；如何及时掌握大学生思想政治教育动向，推动大学生综合素质教育提升，值得我们共同探讨。

一、新媒体对大学生的影响

第一，与以往相比，随着 QQ、E-mail、智能手机、微博、微信、E 媒体的兴起，大学生的交流方式发生了显著变化。通过调研，互联网和手机已经成为大学生使用最多的两种媒介（见表 5-1），它们使大学生的人际交往更加方便快捷、自由，解决问题的方式也不只是单一的见面协商，也可以通过互联网进行交流。对于互联网，大学生可以进行互动式、创新式的交流，而且这种交流是互不了解、匿名式的交流。通过互联网的交流，也许只是一次短暂交谈，但对大学生来说，这种方式远比面对面更能激发人内心的诉求，

表 5-1　大学生使用新媒体的种类及频次调查表

媒介种类	使用频次	百分比（%）
互联网	982	100.0
手机	852	86.6
杂志	246	24.8
电视	140	13.6
校园海报	72	7.1
广播	271	27.5

而且更能使大学生敢于发出内心的声音。这种交流是单方面的、隐私的，减少了来自其他方面的侵扰，有利于保护个人隐私与言论自由。同时，大学生也希望通过在线交流充分表达自己的想法和意愿，获得他人的尊重。

第二，大学生使用新媒体的时间越来越长（见表5-2）。应当看到，以互联网为代表的新媒体是把"双刃剑"，其开放性、虚拟性容易使大学生摆脱现实社会诸多人伦、道德等约束，极易放纵自己，忘却社会责任，呈现出道德弱化现象。此外，有些大学生热衷于虚拟交往而疏远了现实中的人际交往，造成了人际交往障碍，进而产生了逃避现实的心理倾向。这些问题都需要大学生进行自我调节。

表5-2　大学生日均使用新媒体时长调查表

时长（小时）	人数（人）	百分比（%）
0～1	52	5.1
1～2	160	16.6
2～3	405	42.1
3～4	256	26.6
＞5	86	9.3

第三，新媒体的迅速发展改变了大学生的学习思维方式，交互式自主学习的分量加大。传统意义上的学习，大多是指学生在教师的指导下进行课堂学习，但在新媒体时代，这种学习方式就显得很狭隘了。大学生可以利用手机、电脑等从互联网上获得大量的教育资源，进行交互学习。对于大学生来说，互联网是一个丰富的知识库，这种新的学习方式帮助他们养成了主动探索未知世界，自主接受新知识、新技术的行为习惯。通过调查，我们可以看到大学生使用新媒体的目的也有差别（见表5-3）。

表5-3　大学生使用新媒体目的调查表

目的	频次	百分比（%）
沟通交流	865	87.0
娱乐休闲	610	62.5
学习需要	403	40.9
猎奇刺激	334	34.0
获取信息	960	98.0
其他	153	16.4

但我们必须认识到，一方面，大学生自主学习能力的增强并不意味着他们已经学会学习，面对新媒体带来的海量信息，由于受知识、经验、思维认识的局限，他们看问题

容易主观片面，批判力有余而鉴别力不足，急需老师们以及思政工作者正确有效引导；另一方面，新媒体对大学生性格的塑造影响深远，大学生追求和展示个性的愿望日趋突出。在现代社会里，个性象征自信力、突破力和创新力。个性化使大学生还原为"自己"，并在"自己"的基础上突破和发展，而不是强调与他人"统一"。行为个体享有足够的选择机会和权利，这是促成个性化的不可或缺的条件。新媒体正是在这个意义上满足了当代大学生个性化的需要，它以不可计量的信息和强大的功能为大学生提供了无数可选择的机会，任何一个大学生都可以自由地参与信息的发布和传播。

现阶段，大学教育的一个主要目标就是要"努力提高大学生的学习能力、创新能力、实践能力、交流能力和社会适应能力"。一个人若没有充分展示自己才能的个性，就很难在这个强调竞争的社会中立足，新媒体显性地或潜移默化地影响当代大学生个性的形成与发展，这已是不争的事实。尽管对新媒体总体上表现出理性态度，但思想活跃、兴趣广泛、追求新奇而又缺乏自控能力的大学生也很有可能受到形形色色的诱惑，将新媒体视为各种思想情绪的宣泄途径而难以管制。另外，社会化是个人在特定的社会文化环境中，通过与他人的接触和互动逐渐认识自我，适时调整自我与他人及与社会的关系，成为社会合格成员的过程。总体而言，新媒体对大学生群体的社会化影响非常明显。

二、新媒体对思想政治教育的影响

大部分师生对新媒体及其优势的认同度很高。新媒体作为一种教学手段运用到教育过程中，可以充分发挥其立体信息呈现的优势。网络的跨时空性缩短了教育者与被教育者之间的距离，打破了以往的思想政治教育中教育者和被教育者面对面接触的方式；网络匿名性的特点可使大学生更容易说出自己的真实想法，减少抵触情绪。不过，大学生热衷于新媒体的焦点集中在休闲娱乐上，对教育类的红色新媒体平台关注不多，思想政治教育工作者运用新媒体有一定难度。新媒体虽然能够丰富教育形式，但优化思想政治教育的效果还有待提高。新媒体对大学生思想影响调查表如表 5-4 所示。

表 5-4　新媒体对大学生思想影响调查表

影响（正、负）	频次	百分比（%）
了解社情和获得信息（正面）	852	86.8
休闲娱乐（正面）	866	88.0
便捷沟通（正面）	853	96.7
提升技能（正面）	892	80.7
不利于学习和生活（负面）	194	20.0
左右思想（负面）	146	15.3
暴力和色情（负面）	248	25.6

一方面，随着各种研究的不断深入，学者们看到了新媒体平台对大学生思想政治教育的积极影响，随着新媒体的迅速发展，思想政治教育的载体从单一化走向了多样化和立体化，使大学生思想政治教育可以更加便捷、及时、有效。在新媒体时代，手机短信、博客、网络论坛、微信等灵活便捷的传播方式，使思想政治教育工作可以更加方便，形式也可以更加多样，思想政治教育工作者可以有效地整合新旧媒体中的各种教育资源，便捷地将思想政治教育的各种内容融入其中。以互联网为例，在网上，我们可以实现文字、声音、图片和动画的全部融入，可以做到图文并茂、音像并茂，从而使学生好像身临其境，看到的、听到的内容更加丰富、形象和生动。

另一方面，由于媒介素养教育开展不足，当前大学生的网络媒介素养亟待提高。随着媒介的发展，媒介素养的内涵不断丰富发展，网络媒介素养教育就是媒介素养教育的一个延伸，主要是指提高受众理解和判断网络信息的能力和有效地创造、传播网络信息的能力，让受众在网络媒介中能通过合法和持理性批判态度的方式有效地获取信息、辨别信息、利用信息、发布信息。网络是把"双刃剑"，大量网络新媒体迅速得到应用，在扩大受众范围和提升传播效果的同时，也放大了网络的负面效应。在各种网络媒介信息的包围下，有些大学生只会简单围观、偏激地发表个人意见，特别是在一些网络谣言和错误观点的蛊惑下，大学生容易将个人的情绪付诸行动，造成社会隐患，不利于个人的健康成长。

三、利用新媒体提升大学生思想素质的途径

（一）转变教育观念，了解新媒体的传播规律和特点

在新媒体时代，我们必须改变过去的思维方式及教育观念，着力构建"学会学习、学会做事、学会做人、学会创造"的育人氛围，改变过去教育中不合理、不科学的因素，建立富有伦理道德精神的民主、自由平等的新教育。"未来学校必须把教育的对象变成自己教育自己的主体""受教育的人必须成为教育他自己的人"。为实现教育与自我教育相结合的目标，使大学生成为高等教育的主体，思政工作者必须加强对新媒体的学习和认识，积极投入到新媒体的使用和学习当中去，提高自身运用新媒体开展思政工作的能力。在利用新媒体方面，教育者必须和大学生保持同步，而且在利用新媒体的行为规范方面，教育工作者要走在大学生的前面，起到带头示范作用。

（二）组织虚拟校园活动，抢占虚拟世界思想阵地

受新媒体的影响，高校办学更开放，大学生参与社会活动的内容更多样，形式更灵活，渠道更广泛。他们的社会活动开始由有组织型向自发型转变，由集中型向分散型转

变，由无偿型向有偿型转变，由专业型向社会型转变。思政工作者要及时认清大学生群体的这些变化，及时调整教育策略；要有意识地将校园特色网站由宣传型向引导服务型转变，加大人性化管理力度，充分尊重学生的自主创新精神，以平等对话的姿态赢得学生的信任和认可。教育工作者要善于帮助学生去发现、组织和管理知识，以引导的方式厘清学生在学习生活中碰到的思想难题，和学生平等相处、共同探讨，真正成为学生成长成才的教练和伙伴。

（三）发挥新媒体优势，改进思想教育手段

传统的思想教育工作方式由于受时间上的同步性、人员上的个体性和集中性局限，容易使受教育者感到行动受到限制，甚至会在心理上产生抵触情绪，教育效果大打折扣。新媒体在这方面的优势非常明显。就教育手段看，利用聊天室、微信、微博等新媒体，进行一对一、一对多、多对一、多对多等单向、双向、多向的相互型交流，既适用于思政工作者与学生进行对话谈心，也可以用来召开小型班会或进行理论探讨，这是传统思想政治工作手段很难做到的。就教育效果看，由于网络的虚拟性特征，容易使学生袒露心扉，毫无保留地表露自己的内心世界，这有利于思政工作者深入学生的心灵世界，了解他们的真实想法，从而有针对性地开展思政工作。因此，思政工作者要顺应时代的发展，充分利用新媒体有效地为思想政治工作服务，创造性地开展工作。并且要针对大学生追求个性化发展的特点，充分利用新媒体的优势解决学生的思想问题和生活问题，因材施教，关心每一个学生，充分尊重、信任他们，及时解决学生学习生活中遇到的困难。

（四）开展大学生媒体素养教育，提升驾驭新媒体的能力

高校是培养大学生的高地，具有学科及科研优势，能有效地实现科学教育与媒体素养教育的结合。而大学生作为新媒体的使用者，既是信息的接收者，也是信息的发布者。高校扩展新媒体的教育资源，构建具有学科特色的媒介素养教育体系，有利于提高大学生的媒介素养水平，也有助于促进新媒体的健康发展。在新媒体环境下，大学生的参与往往表现为选择自主性、参与主动性、自发创造性、目标自控性，作为综合素质教育过程中主体化的客体，都表现出鲜明的主体性。高校教育应结合新媒体开放、互动、虚拟、隐蔽的特点，注重发挥学生在综合素质教育中的主体作用。

（五）多管齐下，打造家庭、学校、社会立体式新媒体环境

大学生综合素质教育的过程与其社会化过程同步，家庭、学校、社会分别扮演不同的角色，发挥不同的作用。在预防和削弱新媒体的负面影响时，三方更应该充分发挥各自的优势，齐抓共管，发挥"1+1＞2"的优势。家长要主动学习网络知识，与孩子多交流，主动了解其上网情况，用成年人的经验帮助孩子远离网上垃圾。大学校园有着丰富

的媒介资源，作为传播科学知识和先进文化的重要阵地，校园媒体的信息量大、作用面广、出现频率高，可以作为大学生接触媒介和实践活动的阵地和平台，高校应注重建设培育自己的大学精神，主动营造媒介素养教育的良好氛围。国家社会应对网络运行全过程进行诸如网络的注册、运行、监控、使用等的规范和立法，与完善监控机制，规范网络行为，构筑信息防护墙，加强网络监督。

（六）接地气，提升校园媒体整体影响力

高校校园媒体主要包括校园网络、校报、校园电视台和校园广播等。高校校园媒体必须紧跟时代发展步伐，保持理性发展策略，致力于建立一个具有强大公信力的信息平台，以师生容易接受的方式传播和谐校园先进文化，沟通上下、服务师生，才能增强引领与辐射作用。校园媒体统一由党委宣传部门主管，但媒体之间相对独立，都有各自独立的系统，并建立了自己的学生记者队伍，分别采写稿件。新闻资源没有整合、缺少互通、新闻撞车时有发生，容易造成校园媒体人、财、物资源浪费。积极探究校园媒体资源整合势在必行。高校教育工作者要深刻认识高校校园媒体在大学生素质教育中的作用以及在高校改革和发展中的舆论导向作用，运用校园媒体唱响主旋律，坚持贴近教学科研、贴近校园生活，对师生关注的热点问题，开设如创业教育、精彩课堂、心理咨询、社会实践、青年志愿者活动等，这都需要全体师生共同建设。校园媒体应注重既传达学校党委声音，也反映师生建议与社会对办学的要求及家长对学校的关心和希望。学校方要从管理体制入手，探索媒体联动新模式，运用校园媒体推动学生中心工作开展，打好主动仗，形成各具特色、优势互补、共同繁荣的局面，促进大学生的全面发展，为社会发展培养出更多优秀的综合型人才。

第六章　大学生个人综合素质提升

第一节　制订合理的学习规划

教育目标是将学生培养成为未来的人才。然而很多同学进入职校后却很迷茫，不知道学什么、怎么学、为什么学，大部分同学缺乏明确的学习目标。学校首先要帮助学生明确学习方向，灌输给学生工匠精神的理念，培养学生的职业荣誉感和认同感。

工匠精神的培养是高校育人的基础。工匠精神的实践就是要求同学们要有一技之长，要努力成为一名高技能人才。

在校学习期间，学生应制订合理的职业生涯规划，利用空余时间提升理论知识储备量和提高人文道德素养。合格的高校学生应具备熟练的专业技能和文化修养，成为全面发展的技能型人才，以在激烈的就业竞争中占有一席之地。

高校教育是在满足个人就业需求和工作岗位的客观需要，推动社会生产力的发展，加快国家产业结构的调整与转型中应运而生的教育体系。在高校学习期间，同学们既要掌握技能，又不能脱离基本的科学文化知识。平衡技能学习和文化知识学习对每一位高校学生来说尤为重要，只有找到平衡点，才不会因过于专注理论学习而忽略实际操作技能，或因过度重视技能训练导致缺乏对事物的基本认知能力，甚至缺少作为社会个体的综合素养。

青少年是国家的未来，正如梁启超所说的"少年智则国智，少年强则国强"。高校学生只有学会学习，才能掌握更多的知识和技能。

（一）学而时习之

1. 什么是学习

学生在学校除了学做人外，还要学习科学文化知识。那什么是学习？孔子说："学而时习之，不亦说乎。"孔子把学习分解成"学"和"习"。

"学"就是模仿。照着别人的样子去做，照猫画虎，依葫芦画瓢。"习"就是对于所模仿的东西包括思维、语言、文字、动作等一遍又一遍地反复练习。"天道酬勤"，学需要吃苦，但是习更要吃苦。人们常说的"拳不离手，曲不离口""冬练三九，夏练三伏""书山有路勤为径，学海无涯苦作舟"等，无一不是教导我们学习要吃苦。

2. 学习的"知"与"行"

（1）学习的"知"——记忆理解

学习是一个将公共知识向自己头脑里转化的过程，记忆是学习的开始，记不住的学习是没有意义的学习。理解有时需要时常反复阅读和记忆，俗话说"书读百遍其义自现"，讲的就是这个道理。记忆是学习之本，而要实现记忆，就得反复地记和背。记忆、理解是学习的重要过程，但不是一切。如果说记忆理解是"知"，那么更重要的是"行"。

（2）学习的"行"——实践创新

学习的"行"就是在头脑里实现从知识向个人能力的转化。学习的实践是不断通过记忆理解认识自然科学规律，作用于社会生产生活并不断推陈出新。照着已经有的规矩做是能力，敢于突破创新则是更重要的能力。

高校教育的学习是一个吃苦的过程。苦就是学习所需要付出的代价，时间、精力、体力的耗费是很自然的。艰难困苦，玉汝于成。吃苦不仅使我们学得了知识，形成了能力，也磨炼了意志，培养了进取精神。吃苦是一种希望通过努力改变命运的精神。缺乏这种自我改变的勇气，也就缺乏进取精神。作为青年学生，我们不能满足于现状，只有在不断地自我完善中才能走向成功。

当今社会是一个科学技术日新月异的社会，对学习型人才的需求与日俱增。学习知识成了社会生活的头等大事。没有知识，青年将在社会上寸步难行，更不用说为社会服务，为社会做贡献了。

第二节　改善自身学习力

学习力的发展过程伴随着人的发展始终，是衡量个人综合素质和竞争力强弱的真正尺度。发展远程教育和继续教育，建设全民学习、终身学习的学习型社会是建设社会主义现代化国家的必然要求。可见，大学生提升个人社会竞争力的关键在于不断培养和提高学习力。学习者的学习动机、学习能力、学习毅力构成学习力的三大要素，而这三个要素有一个从低级到高级的逻辑顺序。它们相互联系、相互依赖、相互促进、相得益彰，三个要素都决定着学生学习力的水平。

一、培养学习兴趣，端正学习态度

（一）兴趣是最好的老师

兴趣是人们活动强有力的动机之一，它能调动起人的注意力，使大家热衷于自己感兴趣的事情。人对自然产生兴趣，就能引发出对事物的体验、对问题的思索；人对生活产生兴趣，就会因好奇而实践，因验证而发现。古往今来，许多成就辉煌的人，他们的事业往往萌生于青少年时代的兴趣中，沿着兴趣开拓的道路走下去，找到了自己事业成功的路径。

被喻为"科学巨人"的牛顿在苹果树下看书时，从一个苹果成熟落下而引发了联想。试想一个苹果掉下来是一件怪事吗？不，这很常见。谁也没有注意到，因为我们觉得这没有什么需要惊奇的。正是牛顿对这个我们不在意的问题有了浓厚的兴趣，继而发现了"万有引力"定律。

著名科学家达尔文因一次考察，对某岛上动物外形的异样产生兴趣。也许，我们遇见同样的事情时会奇怪一阵子就逐渐淡忘。但达尔文却不罢休，进入到更深一层的研究，用了 22 年时间写成了《物种起源》一书，提出进化论，推翻了多年以来"世界上的一切生物都是上帝创造的"这个深入人心的说法。如果不是兴趣促使他锲而不舍地探索，也许我们至今仍在信奉着神的创造。

这些正验证了孔子的一句话："知之者不如好之者，好之者不如乐之者。"

心理学研究表明，兴趣是学习的动力。有了学习的兴趣，就能产生积极的学习动机，学生的学习态度才是主动的、积极的、热情的。反之，没有学习兴趣，学习就会成为一种沉重的负担，课堂学习氛围也就缺乏生气，变得机械而沉闷。兴趣是人们探求事物和进行活动的动力。当我们对某件事物感兴趣时就会观察仔细，注意力集中，记忆深刻，思维活跃。

学习兴趣表现为积极愉快的学习倾向，对感兴趣的学科会自觉地、愉快地去钻研，结果是感兴趣的学科学得就很好。个别学生有的学科学得不好的原因恰恰是缺乏兴趣，一学习就感到厌倦。还有的大学生是以牺牲别的学科为代价来发展自己特别感兴趣的学科，这就是常说的偏科。大学生要在保证公共基础课、专业基础课、专业课程全面学习质量的前提下，来发展自己特别感兴趣的学科，这样，自己的爱好和特长才可能真正发展起来。要知道各学科之间是有内在联系的，没有其他学科做基础，特长和兴趣的发展就会受到一定影响。

（二）如何培养学习兴趣

1. 重点突破，努力追赶，产生兴趣

"书到用时方恨少"，知道用时的难处，才想起了学习知识的重要性，岂不悔之晚矣。在学习中，大学生常会遇到后悔的时候，比如，每次考试过后，那些不会的难题，经过老师的讲解，才如梦初醒，一下就明白了。这也不都是坏事，它可以促使有学习愿望的学生提高学习的热情，正所谓"亡羊补牢，未为迟也"；也可以唤醒学生的思想认识，在平时做练习时就要认真对待，拿出考场上的心态来，且不可掉以轻心。针对偏科的同学，他们最需要提高的部分，就是他们最薄弱的环节，不能因为一科的偏废，造成总成绩滑落。所以，要重点突破，努力追赶上来，强迫自己发现问题、解决问题，这样有了强烈的学习动机，学习兴趣也就随之产生了。

2. 用优势激励学习兴趣

大学阶段，学习的课程难而杂，有的学生对此产生厌恶。正是这种情感障碍，造成了学生上课时大脑总处于一种抵制状态，思维力分散，对学习无兴趣，使学生的课堂学习效率无法保证，从而使学生的学习成绩也逐渐下滑。

当学生出现这种情况时，要学会从一团乱麻中理出头绪，从整体的劣势中找出自己的局部优势，从点滴成功中逐渐培养自己的兴趣。

例如，虽然你外语学习欠佳，可是你的书写和朗读功底让全班同学都很佩服。那么，你就可以把这微小的优势作为自己学好外语的突破口，从这局部的优势中去建立信心，培养学好外语的兴趣，这样以点带面地推动学习英语。

在其他科目的学习中，也要用点点滴滴的成功去激发兴趣，日积月累，浓厚的学习兴趣也就产生了。

学生对学习产生了兴趣，才会自觉地去学习，并勤奋地去钻研，去主动攻克一道道学习难关。大学的学习任重艰难，只有刻苦勤奋的品质才是你学业成功的催化剂。

（三）端正学习态度

学习态度是指学习者对学习较为持久的肯定或否定的行为倾向或内部反应的准备状态。学习态度有端正和不端正之分，比如学习认真、扎实，勤奋好学，刻苦努力，上课精力集中、认真听讲，课后按时完成作业、力求正确无误，在各门课程的学习上一丝不苟、求真务实，力求全面发展等，就是学习态度端正的表现。相反，不求进取，及格就行，学习仅仅是为了应付考试及家长和教师的检查，做作业不认真，在学习上怕苦怕累，贪玩、不愿学习，借故请假、旷课甚至逃学等，都是学习态度不端正的表现。学习态度端正与否，是影响学习效果和学习力的一个重要因素。要端正学习态度，我们必须要学会控制自己，自控能力的强和弱会直接影响到人生的成败。态度是自己控制的，不是说端正就能端正的，所以我们要锻炼并提高对诱惑的忍耐力。然而在学习中，如果不具备良好、积极的心态，不认真努力，因为一点小挫折而气馁、知难而退，是不可能取得优异的成绩的。

有一个《十年前后》的故事，十年前，三个工人在砌一堵墙，有人过来问他们："你们在干什么？"第一个人没好气地说："没看见吗？砌墙！我正在搬运着那些重得要命的石块呢。这可真是累人啊！"第二个人苦笑着说："我们在盖一栋高楼，不过这份工作可真是不轻松啊！"第三个人满面笑容，开心地说："我们正在建设一座新城市。我们现在所盖的这栋大楼未来将成为城市标志性的建筑之一啊！想想能够参与这样一个工程，真是令人兴奋。"十年后，第一个人依然在砌墙；第二个人坐在办公室里画图纸——熬成了工程师；第三个人是前两个人的老板。对于同一件事情，抱有不同的态度就会有不同的结果。所以态度很重要！

心态是人生成长的奠基石。在学习中，不仅仅是制订学习目标和用好方法就能学好，最重要的是心态，学习需要付出行动，需要努力，需要一种积极主动的精神，这就要求我们以积极态度面对学习，有积极的态度才能愿意去学习，才能学习好。态度决定选择、态度决定思路、态度决定成败，可以说态度决定一切。

二、克服学习困难，增强学习毅力

开学第一天，老师对同学们说："今天我们只学一件最简单也是最容易的事，那就是每个人把胳膊尽量往前甩，然后再尽量往后甩。"说着，老师示范了一遍："从今天开始，每天做一百下，大家能做到吗？"学生们都笑了，这么简单的事，有什么做不到的？过了一个月，老师问同学们："每天甩手一百下，哪些同学坚持了？"有百分之九十的同学骄傲地举起了手。又过了一个月，老师又问，这回坚持下来的学生只剩下八成……一年过后，老师再一次问大家："请告诉我，最简单的甩手运动，哪几位同学坚持了？"这时，整个教室里只有一个人举起了手。这个学生是柏拉图，后来成为古希腊大哲学家。这个老师是苏格拉底。

知识的积累是一个漫长而艰苦的过程，过程当中必然伴随着各种困难和阻碍，没有毅力则很难取得应有的学习成果。江苏高考状元吴敌同学说，我一直想找到不累的学习方法。但是到高三，我渐渐打消了这种念头，因为我发现，这种东西本来就不存在。学习本身就是非常艰苦的。吴敌特别强调意志和毅力在学习上的重要作用。他认为学习的秘诀就是永不言弃的精神和坚持不懈的拼搏。"学习根本就没有秘诀。如果一定要有的话，只有两条：第一条就是坚持到底、永不言弃；第二条就是如果你想放弃的话，直接按照第一条去做。"如果你感觉自己在学习上总是缺乏毅力，不能坚持，可以尝试以下的做法：

1. 为目标写日记

写学习日记是一种很好的激励方法，能让你对自己的学习更有目标、规划，更有坚持性。你可以在日记中写下自己每天的学习情况，以及你对此的评价、感受。在学习中应吸取哪些经验教训，有什么改善学习的方法也可以写下来。通过这种自我交流会使你对学习更有毅力和信心。过一段时间以后，再回过头看以前的日记，可以见证你的学习成果和取得的进步，你会因此深受激励、充满成就感。

2. 用榜样激励自己

苏轼说，"古之成大事者，不唯有超世之才，亦必有坚忍不拔之志"。古今中外，凡有所成就的人，大多都要通过坚持不懈的努力。找一个你特别佩服的人物，读他的传记了解他是如何成功的，以他为榜样，用榜样的力量激励自己持之以恒地努力学习。

3. 在项目中完成学习

设定项目，以项目的完成促进学习，以实际的运用来促进知识的学习。有一位同学在大学学习应用统计的时候就为自己设定了跟踪、分析国际棉花价格的项目。等项目完成，他的统计以及相关课程也自学完毕。这样，在完成项目的过程中就把一些枯燥的理论知识系统地学习了。

4. 分解学习内容，化解学习困难

将学习的内容化整为零，若只需要学少量东西，那么就会因为学得容易而消除了畏难情绪和消极对抗的心理障碍。对发展需求的适当梳理能够克服学习困难、增强学习毅力。

5. 以平和心态面对学习困难

学习的持之以恒来自坚强持久的意志，取决于一种平和的心态。就像在构建和谐社会主义社会进程中，首先要使我们的心理达到和谐一样。比如在自然界，气流、湿度、云量等条件在相对平衡时，展示在我们面前的是风和日丽的景色。要学到知识，绝不可心浮气躁，而是要心平气和。学习面前没有难题，有的只是坚持的态度和理念问题。心理的平衡与心态的平和意义大致相近，是我们的身体、学习、事业取得成绩的内在因素。这种境界的追求与实现，也有待于日常的修养与锻炼。倘若经常生活在一种心理失衡的环境下，一切成功的时间将会被延误，而且对生命赖以存在的躯体也是无情的摧残。古代人读书尚有"锥刺股，头悬梁"之举，我们现代人还有什么不可舍弃的呢？

学习是成就一切的前提，毅力是成功的关键所在。只要我们目标明确，有水滴石穿的精神，一定大有希望。一个人是如此，一个民族亦然。

三、把握核心"六要"，提高自主学习能力

学习能力是学习力的核心所在。大学生对知识信息的主动获取、筛选和创造不够，专业实践能力低，科技创新意识不够。不可否认，这存在教育体制僵化、教学水平不高、缺乏专业思想的正确引导等客观因素，但大学生自身也存在问题。结合当代大学生的学习现状，从大学生个人层面来说，提高自身学习能力应做到"六要"。

（一）要明确学习目标

有一个故事，说的是在西撒哈拉沙漠中有一个小村庄比赛尔，它在没有被发现之前，还是一块贫瘠之地，那里的人没有一个走出过沙漠。据说不是他们不愿离开，而是他们尝试过很多次都没能走出去。当一个现代的西方人到了那里，听说了这件事后，他决心做一次试验。他从比赛尔村向北走，结果三天半就走出来了。

经过此事，他终于明白比赛尔人之所以走不出沙漠，是因为他们根本就不认识方向。因此，他告诉当地的一位青年，只要白天休息，夜晚朝着北面那颗星走，就能走出沙漠。那个青年照着他的话去做，三天后果然来到了沙漠边缘。

青年人也因此成了比赛尔的开拓者，他的铜像被竖在了村庄中央，铜像的底座上刻着一行字：新生活从选定目标开始。

读了这个故事让你想到了什么？在任何一个领域中，取得较大成功的人，他们的行为几乎都是指向自己设定的目标。有了目标，内心的力量才会找到方向，茫无目标的飘荡终归会迷路。

学生应该有学习的目标，目标是前进的方向，是奋斗的动力，也是力量的源泉。由于情况不一，每个学生的学习目标可以不同。只有知彼知己，才能百战不殆。每个同学只有根据自己的性格爱好、理想追求结合自身现实，考虑社会需要后确定适合自己的学习目标，才有希望达到胜利的彼岸。自己确定的学习目标，要能充分展示自己的个性，符合自己的特长；在为学习目标奋斗过程中，要能发展自己的个性，发挥自己的特长。

同时，目标是有阶段性的，要善于在学习过程中确立逐级的分阶段目标，并为此不断努力，这也是一种非常好的激发自己学习内动力的方法。每当实现一个阶段目标，就会有种成就感。分阶段目标实现得越多，成就感就越来越大，就越能激发起继续学习的动力。还有要保持危机意识，能找出自身不足，调整努力方向，活出生命的意义。

（二）要培养自主学习能力

能力包括自我认识、自我拟定、自我激励、自我监控、自我评价。自我认识是指对自己的学习理想、学习基础、学习能力、身心状况、学习兴趣进行客观的认识和估价，是明确学习方向和奋斗目标的依据。自我拟定是指根据自己的学习基础、学习能力设定学习目标，其中目标有近、中、远三个层次。自我激励是指在既定的目标下进行自我动机的激励，使自己坚持不懈地为实现最终目标而不断努力。自我监控是指个体对自身的心理与行为的主动监督和控制，力求使自己的思想和行为符合所设定的目标和计划，以实现预定的奋斗目标。

1. 合理分配每天的学习任务

把自己的学习任务分解成每天能够完成的单元，并坚持当天任务当天完成，不给自己任何推迟完成计划的借口。

2. 合理规划每天时间

把必须完成的工作尽可能安排在规定时间内完成，保留出学习时间，养成利用每天的零星时间学习的习惯。

3. 按照既定的时间表行事

学习时间表可以帮助你克服惰性，使你能够按部就班、循序渐进地完成学习任务，而不会有太大的压力。

4. 及时复习

为了使学习能够有成效，应该养成及时复习的习惯。研究表明，及时复习可以巩固所学的知识，防止遗忘。

5. 向他人提问

在学习中碰到问题时，无论你认为自己的问题是多么简单、多么微不足道，也要及时向教师和同学请教。

6. 养成做笔记的习惯

做笔记既可以帮助你集中精力思考和总结、归纳问题并加深对学习内容的理解和记忆，又可以把学习内容中的重点记录下来，便于以后查阅和复习。

7. 保持适量的休息和运动

休息和运动不仅让你保持良好的状态，也是消除压力的好办法。

（三）要提高信息素质

随着以计算机、网络技术、通信技术为代表的信息技术的迅猛发展，计算机和互联网在社会各个领域中得到了广泛应用，人类正在向信息社会迈进。在信息社会，大学生应注重培养信息素质，不断提高全面认识知识信息的能力，学会动态吸纳、处理复杂的信息，正确及时地预警外部环境可能发生的变化或内部的不适应。应学会鉴别信息价值，选择获取信息的最佳渠道，掌握获取信息和存储信息的基本技能。

（四）要提高资源整合能力

1. 需要改变观念

整合资源首先需要改变观念，如今社会竞争的不是个人积累知识的速度，而是个人整合资源的能力。你要把自己变成"稀缺资源"，不断积累人脉，通过读书建造坚实的知识结构基础与过硬的基本工作技能，打造自己的个人品牌。每个人都是社会的人才资源，很多人之所以还没有表现出他/她的个人价值，不是因为他/她没有价值，而是因为他/她没有发挥出自己的长处。

2. 需要团队合作

有些事情不是仅凭个人努力就能够成功的，学会团队合作、培养团队精神是非常重要的。

3. 需要创新意识

有些事情不是做不到，而是没想到。因此，开阔的视野、独到的眼光与创新意识成为实现资源整合所必需的条件。

4. 需要拓展人脉

整合资源，包括你的人脉，有观点认为，也许可以从一个人身边朋友的素质与品味判断其自身素质与品味。所以，不断拓展自己的人脉资源也是一种重要的生存能力。多与比你优秀的人做朋友，善于发现朋友身上的闪光点并虚心学习，潜移默化之中你自己就会进步。

（五）要培养批判性思维

培养大学生的批判性思维，可以从以下几方面入手：

1. 敢于打破常规，标新立异

很多伟大的发明都是因为敢于打破常规，不被循规蹈矩的思想束缚才诞生的。我们知道钢铁的密度比水大，因此推测钢铁在水中会下沉就是顺理成章的了，甚至我们可以用实验来验证这一点。然而，如果这个常识占据我们的头脑，并阻碍我们的思维的话，恐怕到今天我们也只能用木船来做些短程的航行。

2. 敢于质疑，培养提出问题的能力

不盲从，不迷信，有主见，不固执，是一个人良好的自信心的体现。这种独立人格的形成与批判性思维的成熟是同步的。正确的质疑是思维的批判性的外在表现。学生应敢于质疑，敢于否定前人，不盲目迷信书本，勇于提出问题。我国著名地质学家李四光充分肯定质疑在科学创新中的重要作用。他曾说："不怀疑不能见真理，所以我希望大家都取一种怀疑的态度，不要为已成的学说压倒。"对已有的学说和权威的、流行的解释不是简单地接受与相信，而是持批判和怀疑态度，由质疑进而求异，才能另辟蹊径、突破传统观念，大胆创立新说。

3. 积极开发自己的右脑

一般说来，右脑具有形象思维、直觉思维功能，阿基米德解决"皇冠之谜"的疑难问题、达尔文对"植物生长素"的猜测等都属于直觉思维。左脑所具有的是逻辑思维功能，如装配、计算、书写等。创造性思维和批判性思维与直觉关系更密切。所以，我们不仅要掌握健脑的知识、方法和途径，而且在日常学习生活中应注重对自己右脑的开发与运用。

（六）要养成良好的学习习惯

学习习惯是在学习过程中经过反复练习形成并发展，成为一种个体需要的自动化学习行为方式。养成良好的学习习惯有利于激发学生学习的积极性和主动性；有利于制订学习方法、提高学习能力使学生终身受益。"冰冻三尺，非一日之寒"。一个良好的学习习惯必须长期坚持。

1. 养成终身学习的习惯

终身学习，讲的是人一生都要学习。从幼年、少年、青年、中年直至老年，学习将伴随人的整个生活历程并影响其一生的发展。这是不断发展变化的客观世界对人们提出的要求。人类从诞生之日起，学习就成为人类的一项基本活动。若不学习，一个人就无法认识和改造自然，无法认识和适应社会；若不学习，人类就不可能有今天的一切。学习的作用不仅仅局限于对某些知识和技能的掌握，学习还使人聪慧、文明，使人高尚、完美，使人能全面发展。正是基于这样的认识，人们始终把学习当作一个永恒的主题，反复强调学习的重要意义，不断探索学习的科学方法。同时，人们也越来越认识到实践无止境，学习也无止境。《庄子·养生主》："吾生而有涯，而知也无涯。"当今时代，世界在飞速变化，新情况、新问题层出不穷，知识更新的速度大大加快。人们要适应不断变化发展的客观世界，就必须把学习从单纯的求知变为一种生活的方式，努力做到活到老、学到老。针对这个问题，分享下列几条培养终身学习习惯的方法：

（1）列个待学清单：在学习上，你不妨试试列个待学清单，写上新领域的学习想法。例如，想学新语言、一个新技能或读完莎士比亚系列著作等，无论你想学什么，都写下来吧！

（2）随身带本书：一年也好，一星期也罢，随身带本书有时间的时候就翻一翻。别小看每天活动间隙的这点零碎时间，说不定一星期你就能看完一本书了。

（3）交更多好学的朋友：和那些乐于思考的人多接触，这些人指的是真正愿意花时间学习新技能的人；他们的习惯会影响到你，说不定还会与你分享一些新知识。

（4）多思考：爱因斯坦曾说过，"任何读死书却不动脑子的人，只会越来越懒得动脑"。仅仅研究其他人的智慧还不够你需要有自己的想法，所以试着花点时间记录、冥想，思考那些你学过的东西。

（5）付诸实践：纸上谈兵永远没有意义。读一本 C 语言的书和写程序完全是两回事，学习画画和拿起画笔也不能相提并论。所以，如果你知道该如何使用知识就赶紧付诸实践吧！

（6）列为优先：其实外界很少会有逼迫你学习的力量，这种力量往往来自自己的内心。因此，一旦你决定要把终身学习当作一个习惯，那么就是时候把"终身学习"列为你生活当中的优先了。

2. 养成思考的学习习惯

学习成绩的好坏往往取决于是否有良好的学习习惯，特别是思考习惯。"学而不思则罔，思而不学则殆"，那么大学生如何养成良好的思考习惯呢？

（1）总是站在系统的高度把握知识

很多同学在学习中习惯于跟随老师步伐，一节一节地看、一章一章地学，不太在意章节与学科整体系统之间的关系，只见树木，不见森林。随着时间的推移，所学知识不断增加就会感到内容繁杂、头绪不清，记忆负担加重。事实上，任何一门学科都有自身的知识结构系统，学习一门学科前首先应了解这一系统从整体上把握知识，所学的每一部分内容都要弄清其在整体系统中的位置，这样往往会更容易把握所学的知识。

（2）追根溯源，寻求事物之间的内在联系

学习最忌死记硬背，特别是理科学习更重要的是弄清楚道理，所以不论学习什么内容，都要问为什么，这样学到的知识似有源之水，有本之木。即使你所提的问题超出了认识范围，甚至老师也回答不出来，但这并不要紧，要紧的是对什么事都要有求知欲和好奇心，这往往是培养我们学习兴趣的重要途径。更重要的是养成这种思考习惯，有利于思维品质的训练。

（3）发散思维，养成联想的思维习惯

在学习中，我们应经常注意新旧知识之间、学科之间、所学内容与生活实际之间的联系，不要孤立对待知识，养成多角度地去思考问题的习惯，有意识地训练思维的流畅性、灵活性及独创性，长期下去必然会促进智力素质的发展。知识的学习主要通过思维活动来实现，学习的核心就是思维的核心。知识的掌握固然重要，但更重要的是通过知识的学习提高智力素质，智力素质提高了，知识的学习会变得容易。所以上面讲的三个学习习惯实质上是三种思维习惯，学习的重点就是学会如何思考。

第三节 做好时间管理

一、碎片化时间

（一）碎片化时间概念

碎片化时间是指人们在工作或正式学习之余短暂的、随机的、闲散的、零碎的时间。乘地铁途中、排队、等人、等车、睡前等不确定的"零碎"的时间，都是碎片化时间。[①]

（二）高校学生碎片化时间管理现状

首先，很多学生对碎片化时间的概念了解不足，管理意识淡薄。部分学生从未听说过碎片化时间这一概念，大部分学生知道一点点但说不清楚；很多学生都认为碎片化时间是 5～15 分钟的时间，学生极少将这些时间用于学习和阅读，更多的是用来看微博、头条、短视频等。

其次，在学生的生活中，碎片化时间大量存在，但利用水平较低。随着互联网技术的发展，社交、游戏、娱乐等软件的出现使人们的生活习惯和学习工作方式发生了变化，使得大量的、整块的时间被碎片化。上课路上、用餐、睡觉前后的时间都是碎片化时间，但是学生普遍将这些时间用于打游戏、聊天、看朋友圈等，导致碎片化时间虽然很多，但没有发挥积极的作用。

最后，认知不足，缺乏管理方法和技巧。对于是否有必要进行碎片化时间管理，部分学生认为没有必要，部分学生偶尔管理，但也不知道如何有效管理，绝大部分学生从未管理。这反映出学生中能够进行碎片化时间管理的人较少，且大多缺乏管理方法与技巧。

（三）碎片化时间的管理方法与技巧

1. 互相督促，提高碎片化时间管理意识

时间管理能力是高校学生综合素质的一个方面，碎片化时间管理能力的提升就是时间管理能力提升的重要体现，所以同学们了解和学习碎片化时间管理相关知识是十分有必要的。

同学之间相互监督碎片化时间管理的方式可以大大提高碎片化时间管理的质量，同学们通过此途径可以在时间管理实践中寻找有相同需求的同伴，相互监督、提醒，从而达到共同进步的目的。

---

① 肖克奇，金柳君，等. 大学生碎片化时间管理现状调查[J]. 九江职业技术学院学报. 2019（1），61-63.

2. 采用合理适当的学习方法，有效利用碎片化时间

时间的日计划就是每天规划自己的时间。将自己每日需要做的事情列一份清单，排出轻重缓急次序，确认完成时间，以突出重点，并与碎片化时间产生的具体情况相结合。

制订日计划的五个步骤：写下任务；估计做事时间；留有空余缓冲；确定优先顺序，简化及授权；追踪与检讨。同时，结合"番茄工作法"，规定自己在限定时间内将事情办完。这样，碎片化时间利用效率就会提高。

3. 做出计划，拒绝浪费碎片化时间

通过学习有关碎片化时间管理的方法，适当地参考前人管理碎片化时间的经验，提高管理碎片化时间的能力。巧妙地安排可能会出现的多个时间碎片，将它们集成一"整块"时间段来做自己感兴趣的事是一种较为有效的时间管理手段。如何在当下高效管理自己的碎片化时间呢？首先估计自己有多少碎片化时间，其次分析哪些可以自由支配，最后保留出持续的整块时间，避免频繁切换，提高效率。

二、时间管理方法与技巧

21 世纪是充满竞争的时代，作为即将步入社会的高校学生，要具备"学会求知、学会共处、学会做人、学会生存"的能力，才能立于不败之地。然而在各种学习、活动和未来的工作中，时间是需要首先讨论的要素，必须考虑每天应该在什么时间完成多少任务，提高学习和工作的效率，降低时间成本。用好时间与浪费时间的差别主要表现在学习、生活和学生工作的有效性和结果上。

（一）记录与诊断时间

1. 记录时间

养成记录时间花费的好习惯。首先，我们需要了解自己的时间用在哪些事务上。其次，试着重新安排自己的时间，减少那些花费时间却没有产生价值的行为。最后，将可自行控制的间歇时间合并成一个大的连续时间单元并加以利用。

2. 我们的时间究竟花到哪里了

你可能对时间的消耗有印象，但印象极容易骗人。实际上，要想知道自己的时间到底花费在哪里，必须做时间纪录。

时间记录每个月至少要进行两次，每次一至两周。

管理时间最关键的是要把时间记录下来，而且必须真实记录，要把事情发生的确切时间记录下来，千万不可事后再来追记。

3. 使用时间管理表

做过记录之后，你就有必要重新考虑并修订你的时间安排。在进行时间记录的过程中，要建立一张管理表，忠实地记录每个时间段所做的工作。这张表应包含时间段、有效利用的时间、用途（即这段时间发生的事情）、所发生的事情对自己的远期目标支持度、时间使用效率、改进意见等字段。对刚着手记录的同学来说，时间段应划分得越详细越好。

表6-1　时间管理记录表

时间段	用途 （即这段时间发生的事情）	所发生的事情对自己的 远期目标支持度	时间使用效率	改进意见
7:00				
7:30				
8:00				
9:00				
……				

4. 根据时间表评价时间价值与改进意见

在时间记录表整理汇总之后，我们可以按照表格评价自己时间使用的价值，"改进意见"包括"维持现状""取消该项下次活动""以更高效的方法处理类似活动""将活动交由更具有该方面特长的人处理"等，然后就是忠于自己的改进意见，严格遵守自己的承诺。

5. 根据时间表考虑调整自己的行为

记录好了时间之后，我们首先必须发现并排除那些根本不需要去做的事情和那些纯粹浪费时间而产生不了效果的事情，考虑记录上的哪些活动可以不做，哪些可以由别人代为参加而又不影响效果。

然后我们会发现自己认为重要的事、想做的事以及应该做的事上都没有足够的时间去做。解决这一问题的唯一办法是把那些可以由别人来做的事情统统让别人去做。简单地说，能不做的就不做，同时控制自己不要浪费别人的时间。

通常来说，时间的浪费往往发生在我们自己可以控制的范围之内，同学们自己完全能够消除这种浪费现象。

（二）消除浪费与管理时间

1. 根据时间管理表杜绝浪费时间

找出那些因缺乏目标、缺乏自控或缺乏远见而产生的各种时间浪费。

高校学生常见的时间浪费主要有沉迷网络或打游戏、随意而盲目地开始一门选修课的学习或考取某个证件、过多的睡眠、过多的人际交往、过多的学生干部会议等。

（1）上网过程中的时间浪费

同学们上网的初衷往往并不是娱乐，但在打开计算机后往往无法控制自己，被网络上如游戏的升级等强化性因素改变，从而在上网过程中徒劳无功。很多同学一旦通过手机、计算机等终端设备进入网络聊天后常常消耗几个小时，无形中浪费了大量有效学习时间。

（2）参加社团、学生组织等的会议过多

作为学生干部要特别注意不要在无效的会议上浪费时间。要分析会议的实际效果和频率：如果会议多但没有效果或效果差，各机构合作成效不理想，表明机构组织有问题；哪几个岗位整天在一起碰头，哪几个部门整天开会，说明这些岗位应该整合调整。

2. 区分显性的时间浪费和隐性的时间浪费

（1）显性时间浪费

这主要是指认识不到时间的特性，缺乏时间监控，或者是在时间消费上缺少主动行为。时常表现为将一半以上的时间用于那些无关紧要的、没有明显价值的，但却非干不可的事情上，比如接待"顺道来访"的同学或者同乡，接听突然打来的可有可无的电话，等等。

（2）隐性的时间浪费

有时候，似乎我们正在专心从事手头的工作，但实际上并非如此，我们只是害怕什么都不干，所以呈现出某种假象：如不专心听课，在看书时听音乐等一心二用的行为。一心二用是一种敷衍的行为，这样很可能会使重要的东西在你不注意的时候溜走；另外，一心二用欺骗了自己，表面上我们说"这一章我看过了"或者"我可看了三遍了"，但潜意识里我们知道，自己原先就是做给别人看的，而不是真正想把这个东西记住。

3. 获取并高效利用整块时间

在同学们的学习生活中，有很多事情的处理必须要花费整块的时间去做。比如写一篇论文、制订一个活动的实施计划等都需要好几个小时的思考才能出成效，并且这几个小时必须是整块的，不能被打断，否则就要重新开始，那等于是浪费时间。可是时间就那么多，而且我们确实需要在各种事物上耗费大量的时间，其中，上课与学习新知识花费的时间最多，因为学习始终是学生的首要任务。

参加社会实践活动也会花费许多时间。既然同学们现在的时间多是由自己安排的，就必须了解家长、各科老师及辅导员老师到底希望你做什么以及你为什么要做这些，必须了解以后如何使用你的学习成果为企事业单位工作，同时还需要参加必要的社交活动。所有这一切都需要时间，所以我们要集中精力将整块时间进行高效利用。

当我们能采取措施不再大量浪费时间时，就可以把节省的时间凑成整块，来完成一些非常重要的事情。

（三）统一安排时间

为了有效地管理时间，首先必须集中精力，一次做好一件事情；其次要学会给事情排定先后顺序，把重要的事情放在前面先做；再次要充分挖掘你身边的资源并加以利用；最后为了争取到能产生效益的整块时间，需要有很大的自我控制能力，需要有向别人说"不"字的坚强决心。

1. 一次做好一件事情

时间分配原则告诉我们：一般人在一段时间内只能做好一件事情。有时我们觉得同时做两件事时效果更佳，是因为这两者之间可以互相调剂。

而一般情况下，同时做好两件事的先决条件是必须给每件事足够的精力和时间，否则事情无法做好。由于每件事情启动效应的存在，换着做两件事可能会使你感到拿起另一件事的时候需要好长一段时间才能恢复过来，这就在无形中浪费了时间。比如，有的同学喜欢戴上耳机边听音乐边学习，而科学研究表明边听音乐边学习会降低效率。

听音乐和学习同时进行会对习惯性记忆有一定帮助，但由于我们的学习主要依靠主动式的记忆，太多使用习惯性记忆方式会让人对于信息的来源感到不确定，从而影响到记忆的效果。

最好的学习形式，应该是充分调动所有的感官去听、去看、去写同一知识，换句话说，同一时间应该使用所有的能量和感官做同一件事情。

一次做好一件事情还包括：在上机学习、上网搜索专项资料时不打开聊天软件，不被无关内容所吸引；在进行特定学习工作时关闭手机，找到一个安静的环境；等等。

2. 明确的目标是关键

成功的人有一个共同的特点——能够迅速而果断地做出决定。他们总是先确定自己的主要目标，然后集中精力为这个目标而努力工作。

（1）确定清晰的目标

缺乏清晰的目标，会让你无所适从，即便你埋头学习或开展学生活动，也无法取得明显的学习或工作效果。当你意识到目标模糊时，多问自己"我到底在这里试图实现什么目标？"并找到答案。明确的目标，可以帮助你找到正确的方向、合理的方法，从而实现目标。

（2）定时审视目标

写下接下来的一个月，你的生活计划是什么，你要学习哪些重点知识、做哪项活动，你要如何培养朋友圈子及人际关系。要写得足够详细，并将目标挂在床头。

定时审视自己的目标是比较关键的，比如每天早晨重读你写下的目标，将这些清晰的、记录下来的目标与当天的实际情况结合起来。这样做会使你更加关注自己的目标，同时有助于让你忽略那些目标之外的事情。

（3）判断这件事情该不该做

我们需要定期地对自己的学习与工作情况进行回顾和核查，要经常问问自己，"假如我一直没有做这件事情的话，现在我该不该再来做这件事情？"除非答案是绝对"肯定"才必须去执行，否则就放弃这件事情，或者将它搁置起来，不再将宝贵的时间资源投入在不能产生价值的事情上。

不要把时间浪费在无用的事务中，应投入到寻找未来机会的事情中去，也就是时间要用在有价值的事情上。对那些过去遗留下来的、对现在已不再有什么积极意义的学习或工作任务，我们可以不必再投入时间和精力。要有"每天淘汰你自己"的心态，把过时的、无用的目标及时排除，才能为自己确定最合理的目标。

（4）事情排序与执行

根据前期自己拟定的个人目标，对当前的事情按轻重缓急程度进行排序，定出先后顺序，要明确优先处理的事情，也要避免一味地把注意力集中到外界压力大的事情上，否则你就会忽略那些别人无法取代你的事情。

3. 说"不"字的坚强决心

为了争取到能产生效益的整块时间，需要有很大的自我控制能力，需要拥有说"不"字的坚强决心。当我们按照明确的目标设置了事情的先后顺序，并且确切知道某些学习或活动需要大块的时间后，我们就需要勇敢说"不"。

（1）敢于向别人说"不"

在对别人说"不"时，要动之以情、晓之以理，提出代替的方案，以言行一致的态度加以拒绝，注意态度要诚恳，语气要婉转，要直接说出自己的难处。

当然，"不"字也不要轻易地说出口，你先要认清自己是否还有富余的时间与精力，对自己的能力既不能低估也不可高估，在时间方面也要松紧有度。

拒绝别人不是什么不好的事，也不要把说"不"当成是要与人决裂，而是要根据自己的能力和时间的情况，对他人的请求做出明确的响应。

在时间紧张的情况下，与其答应对方而做不到，不如表明自己拒绝的原因。拒绝对方的请求时，带着友善的表情来说"不"并不会伤了彼此的和气。

多次练习说"不"之后，才能学会如何与他人沟通，既维护自己的尊严、利益，又不扫别人的面子。

（2）敢于向自己说"不"

除了和他人说"不"，对自己也要勇敢地说"不"，有时我们需要给自己写"信"，对自己说点什么。有时我们会对自己说"只这一次，下不为例"，如果真的是，那就更应该坚决地说"不"。向别人说"不"也要向自己说"不"，只有这样，才能避免因一时冲动而误了更重要的事。

对自己说"不"，要坚决有力，控制自己要快刀斩乱麻，通过对自己和别人说"不"，凑出大块的时间做更加有价值的事情。

青年学子拥有的最大财富就是青春，就是时间，时间就是生命。合理有效的时间管理可以帮助我们利用好时间，但最关键的是要通过持续的合理的时间管理改变自己的行为习惯，自觉提高行动力和执行力。

第四节　践行传统诚信观

诚信是立身为人的基本道德，一个人如果没有诚信，就不知道怎么做人，也不可能取信于人。诚信也是治国理政的基本原则，一个国家如果不能够以诚信得到民众的信任，这样的国家是没有希望的国家，统治者要实现自己的统治主张和意志，要得到民众的拥护，取信于民是非常重要的基础工作。

一、诚信的含义

诚信，泛指待人处事真诚、老实，以真诚之心，行信义之事。"诚信"一词出自《礼记·祭统》，"是故贤者之祭也，致其诚信，与其忠敬"。诚信，是中华民族的传统美德，是人们安身立命的道德规范。在现代社会，诚信是一个道德范畴，是公民的第二个"身份证"，是日常行为的诚实和正式交流的信用的合称。我国将"诚信"作为社会主义核心价值观在个人层面的一个基本准则。

在一般意义上，"诚"即诚实诚恳，主要指人真诚的内在道德品质："信"即信用信任，主要指人对诚的外化。"诚"更多地指"内诚于心"，"信"则侧重于"外信于人"。"诚"与"信"一组合，就形成了一个内外兼备，具有丰富内涵的词汇，其基本含义是诚实无欺，讲求信用。

二、中国传统诚信观的历史演变

诚信是中华民族几千年来积淀下来的传统美德，在中国的思想道德体系中占据着非常重要的地位。随着历史的演变和时代的变迁，中国传统的诚信观也在不断深入和发展。

（一）传统诚信观的萌芽期

夏商西周三个朝代是传统诚信观的萌芽期。在这个时期，原始生产力水平较低，人们在生产实践过程中逐渐形成一种个体对集体的绝对依赖，诚信主要表现为"人—人"之间的忠诚；后来，人们的神灵观念根深蒂固，对神灵的崇敬和尊重成为人们举行宗教祭祀活动时最重要的心理态度，诚信主要表现为"人—神"之间的虔诚；渐渐地，随着社会的发展、生产力的进步，人的主体意识开始增强，人们开始注重"德"，重视自身德行培养的"敬德"思想开始出现，诚信主要表现为"人—德"之间的虔诚。①

经过三个阶段的过渡及发展，诚信观念已经被普遍认为是自身进行道德反省的积极的心理态度，诚信观发展成为一种主体责任。

（二）传统诚信观的形成期

春秋战国时期是传统诚信观的确立期。随着"百家争鸣"时代的到来，诚信已成为诸子百家共同强调的道德准则，这些思想构成了中国传统诚信观的主要框架，为传统诚信观的进一步规划铺平了道路。

《论语》中记载了"去食守信"的故事：孔子的学生子贡问老师有关为政之道，孔子说："足食，足兵，民信之矣。"意思是有足够的食物与军事力量，老百姓信任统治者就够了。子贡问："如果迫不得已要去掉其中一项怎么办？"孔子答道："去兵。"子贡又问："还要去掉其中之一怎么办？"孔子答道："去食。"最后说出了自己的观点："民无信不立。"自古以来，人总是要死的，如果老百姓对统治者不信任，那么国家就不能存在了，而老百姓的信任则来自统治者的诚信。可见，孔子把"信"放在做人的第一位。

孔子认为，"天下之本在国，国之本在家，家之本在身"。意思是，修身是齐家、治国、平天下之根本，是治国的根本前提。这就说明了诚信作为中华民族的传统美德，不仅被认为是最高的道德规范，还是做人的根本道德原则。

孟子也继承了孔子的诚信思想，但他更强调内心的修养。他强调"诚"是自然界和人立身处世的共同的最高道德法则。孟子还把"信"提升到"五伦"之一的高度，即父子有亲，君臣有义，夫妇有别，长幼有序，朋友有信。

（三）传统诚信观的政治化时期

1. 秦汉时期

汉武帝以后封建制度逐渐巩固，提出"罢黜百家，独尊儒术"的观点。这时候的"信"重在规范君臣之礼，君臣之间要以信为贵，这个时期的诚信是为了加强军权、巩固封建中央集权的政治统治，诚信在中国传统道德规范中的地位和作用得到加强。

---

① 马锦君. 中国传统诚信观的历史演变[J]. 辽宁教育行政学院学报，2010（1）：40-41.

2. 隋唐时期

秦汉以后，思想家们不断补充和丰富诚信这一传统道德观念，这直接影响着隋唐时期诚信伦理向更高层次的意义上发展。隋唐时期的"信"已经成为治国兴邦的重要工具，诚信观在政治、文化等多方面都能体现出来，诚信的道德规范贯穿治理国家、弘扬文化的每一个环节，从而带来了国家的安宁强盛和经济文化的繁荣。

（四）传统诚信观的实用化时期

明末清初，诚信思想已经辐射到社会的各个方面，包括医学、教育、文学等，这时期的诚信观受到商业化的影响，走上了实用化的道路。这时，"诚"的本意是真实无妄、诚信不欺，并主张信义与利益兼顾。明清时期的商人注重诚信，"诚""信"已成为经商之本，商人们重商业道德，重行为自律，在一定时期获得了巨大的商业成功。[①]

诚信观念在中华民族的思想史上经历了悠久的文化沉淀，经历了数千年的不断总结、批判和创新，一直作为中国人立身处世的支撑点。

三、中国传统诚信观的现代价值

随着时代的发展，当代社会与古代社会相比，在学习、工作、生活模式方面早已发生天翻地覆的变化，然而中国传统文化里的诚信观，仍然极具现代价值。深入实施公民道德建设工程，推进社会公德、职业道德、家庭美德和个人品德建设，这既是对传统诚信思想的一以贯之，又是提升我国公民思想道德素质的价值必然。

（一）传统诚信观对构建和谐社会的作用

在社会急剧转型的背景下，面对金钱、物质的诱惑，人们的道德观念受到一定程度的冲击。由血缘关系、地缘关系构成主要人际关系的传统社会，过渡到更为复杂的陌生人社会。在现代都市，在同一栋楼，甚至隔壁房居住的邻居，也有可能是完全不认识的陌生人。在过去，依靠"抬头不见低头见"的熟人社会之间互相监督而形成的很多道德准则，在某种程度上受到冲击，造成一些道德规范的失衡，诚信的价值观念也相应受到冲击，各种哄骗、欺诈行为时有发生。这些丧失诚信的现象，严重影响了社会的和谐。倡导传统诚信观念的回归，对于提升民众的诚信意识，建设诚信社会，具有重要引领作用。人人坚守诚信观念，将之作为立身处世的行为道德规范，社会才能更加井然有序。没有诚信，很难说有社会成员之间的相互信任，很难促进社会成员之间的团结，如果社会成员之间的互相认同与接纳受到影响，和谐社会的建设将无从谈起。[②]

① 韩震. 美德照亮人生——诚信卷[M]. 河北：河北少年儿童出版社，2012.
② 李函章. 中国传统诚信观的现代价值[M]. 人民论坛，2018（1）：72-73.

（二）中国传统诚信思想的当代启示

1. 社会公德：在实践中认同诚信价值观

社会公德的本质是一个国家、民族在社会实践活动中积淀形成的道德准则、文化观念和思想传统。而"尊老爱幼、诚实守信、助人为乐"是社会公德的必然要义，在人际交往、义务履行、人与自然和谐发展等方面发挥着重要的社会调节作用。

2. 职业道德：在倡导中印证诚信价值观

现代各行各业的发展、运行，不仅要靠自身规律来制约、保障，更受到人的因素影响，反映的依然是人与人的关系，而诚信就是这种"关系"的基础。现在一些行业中出现的不诚信现象，破坏了职业道德和依法依规的准则。鉴于此，要倡导用传统诚信美德来弥补现代各行业"契约机制"的不健全，抵制失信获利的诱惑，在职业道德认知认同中坚守职业操守，塑造职业精神。

3. 个人品德：在修身中驻守诚信价值观

要想在品德上有所修为，就要纯正自己的思想，使自己意念诚挚、恪守诚信。不断提高个人品德，通过学思并重、慎独自律、积善成德的道德修养方法，在实践中加强个人品德，形成正确的诚信价值观。

当前，中国社会已经进入新时代，但在现代社会生活中，中国传统文化里的诚信观念依然有着极其重要的现代价值。在社会生活的各个领域，积极倡导和弘扬传统文化里的诚信观念具有重要的意义。

第七章　劳动素养与大学生综合职业素养提升

第一节　增强尊重劳动的意识

　　劳动不是只要具备了必要的劳动知识和能力就够了。优秀的劳动者必定具有极高的劳动素养，懂得如何保护自己和他人的人身安全，以及避免造成公共财产损失；具有令人肃然起敬的职业道德，爱岗敬业、诚实守信、办事公道、服务群众、奉献社会；尊重劳动者和劳动成果。一个具有极高劳动素养的人自然是我们学习的榜样，对个人、对社会，都可以通过自己的劳动奉献自己的力量，实现个人价值和人生理想。

　　人类社会的发展进步形成了劳动分工，之后，社会中又出现了对部分劳动和职业的歧视现象，其主要原因在于历史上阶层阶级的划分和世俗偏见。然而，在现代社会中，各行各业相互之间的依赖程度达到前所未有的高度，如果社会想要全面发展，就离不开各种各样的劳动。所以，所有的劳动者都值得尊重，一切劳动成果都应该好好珍惜。

一、尊重劳动者

　　尊重一切劳动，尊重所有劳动者，是基本的劳动思想。无论是脑力劳动还是体力劳动，无论是简单劳动还是复杂劳动，各行各业的劳动者都参与了社会发展的建设，我们不仅要尊重他们，还应该对他们产生敬意。

　　1. 劳动没有贵贱之分

　　社会结构和社会分工的不同，导致劳动存在不同的差别，但正是这些差别，造就了社会的多元化发展。劳动虽有差别，但并没有贵贱之分。

　　（1）脑力劳动和体力劳动没有高低之分

　　孔子虽然不反对生产劳动，但却反对儒者或士大夫阶层直接参与生产劳动，认为劳动是"小人"的事情。他的学生樊迟想要学习种庄稼，就被斥为"小人"；孟子更是明确提出了"劳心"和"劳力"的概念，他曾说过："故曰或劳心，或劳力，劳心者治人，劳力者治于人；治于人者食人，治人者食于人，天下之通义也"。无论孔子还是孟子，他们对劳动的理解，都是从统治者的角度出发的，是维护统治阶级的封建产物。对于社会主义，按照劳动价值论，不论什么劳动都能创造价值，都是社会劳动的一部分，都在为社会的发展做贡献。因此，劳动不存在高贵和低贱之分，劳动作为人类劳动力的支出，都一样平等。

不同的劳动在相同的时间内创造的价值是不相同的。在同样时间内创造出较多价值的劳动，其报酬较高；创造出较少价值的劳动，其报酬较低。但这仅仅针对劳动创造的价值，并不是劳动本身的地位。实际上，劳动虽然是价值的源泉，但它本身既没有价值，也没有价格。"劳心劳力说"认为，脑力劳动是高贵的，体力劳动是低贱的。脑力劳动与体力劳动相比，是一种更为复杂的劳动，而复杂劳动是简单劳动的倍加，复杂劳动是价格高的劳动；体力劳动则是简单劳动，是比较"便宜"的劳动。

然而在现代社会，受市场供求关系的影响，许多体力劳动创造的价值高于脑力劳动。特别是稀缺的体力劳动，由于市场上供小于求，这类劳动的价值更大。比如需要具备特殊技能的劳动，如高级电焊工、高级车工等，这类劳动的特殊技能一般人并不能轻松掌握，需要通过长时间不断学习和辛苦训练才能具备，这类劳动在社会上就属于稀缺劳动；又如高空作业、井下作业等条件艰苦甚至具有危险性的劳动，这类劳动是即使是一般人都能从事的简单劳动，但由于其条件艰苦性并具有一定的危险性，也会造成市场供小于求，以至于需要通过提高劳动价格来增加劳动的供给；再比如一些特殊的劳动，人们不愿问津，因此就成为稀缺的劳动，也只有通过提高劳动价格来增加劳动供给。

所以，我们不能简单地认为凡是复杂劳动价格都高。事实上，脑力劳动和体力劳动没有高低之分，"劳心者治人，劳力者治于人"这种说法并不正确。

世界上没有高低贵贱的劳动之分，有的劳动创造的价值较多，有的劳动创造的价值较少，但每种劳动都是社会所需要的。无论从事什么工作，只要我们用心付出，就会有回报，就会做出成绩。同样，择业的起点并不重要，社会为每个人提供的平台没有优劣之分，只要敢闯、敢为，每个人在不同的岗位都可以发出夺目的光彩。

（2）"蓝领"和"白领"只是分工不同

现代社会往往用"蓝领"来形容从事技术含量低的重复性体力或脑力劳动的人群，用"白领"来形容从事脑力劳动的高收入人群。在人们眼中，"蓝领"代表累、脏、苦，"白领"则代表光鲜体面。似乎"蓝领"与"白领"不仅分工不同，还有高下之别。实际上，在社会主义制度下，所有劳动者都是社会主义的建设者，劳动只有分工不同，并没有贵贱之分。

社会分工是指由于社会生产力的发展引起单一生产群体分化为互相独立而又互相依赖的多个群体。大约在公元前 4000 年，随着牧业和农业的发展，出现了专门从事农业和牧业的部落，这是第一次社会大分工。之后，在农、牧业发展的同时，手工业也开始出现并有了一定的发展，人类不仅学会了使用天然铜来制作工具，更掌握了冶金技术，手工业逐渐从农、牧业中分离出来，形成了专门的行业，这是第二次社会大分工。后来，随着农、牧业和手工业的兴盛，人们已经不再只为自己而生产，更多的是为了交换而生产。这个时候，商品交换成为必然。在奴隶社会初期，就出现了专门从事商品交换的商人，这使商业从农、牧业和手工业中分离出来，形成第三次社会大分工。

由此可见，社会分工始终伴随着社会的发展。随着社会分工的扩展，人们也更加依赖他人，因为每个人都在产业链上担当着自己的劳动角色，也都需要别的行业所提供的物品和服务。社会分工使社会更加紧密团结，使社会的发展更加井然有序。同样，社会要想发展得更好，就需要更加细致的社会分工，每个人都需要在岗位上胜任自己的角色，最终才能发挥作用，使全社会拧成一股绳，使国家繁荣昌盛。所以，国家与社会的发展，离不开任何岗位上的劳动者。这同样印证了劳动无贵贱之分，而只是分工不同的观点。

随着社会生产力的提高、生产方式的改进、人民科学文化知识的普及与提高，"蓝领"和"白领"在劳动报酬上的差距会越来越小。近年来，提高劳动报酬在初次分配中的比例，让劳动报酬的增长与生产率的提高同步，已经成为社会共识。可以看到，月嫂、快递员、搬运工、厨师等从事体力劳动的职业，月薪不一定比从事脑力劳动的人群低。

劳动只有分工不同，没有贵贱之分，这是实现经济可持续发展和社会公平正义的根本。在社会建设和发展的潮流中，体力劳动和脑力劳动同样重要，社会进步既需要白领奉献智力，也需要蓝领贡献体力。无论是蓝领还是白领，他们都是社会主义建设中不可缺少的组成因素。

2. 所有劳动者都是光荣的，值得尊重

劳动是推动人类社会进步的根本力量。劳动者的付出，让整个社会有条不紊地运转，推动整个社会前进。我国要想全面建成小康社会，进而建成富强民主文明和谐的社会主义现代化国家，从根本上看，只能靠劳动和劳动者来创造。

劳动者是指参加劳动并以自己的劳动收入为生活资料主要来源的人。劳动者群体包括公务员、知识分子、自由职业者、工人、农民、渔民和手工业者等。

因社会分工不同，人们的职业各种各样，也可能会千差万别，但不同的职业从无高下优劣之分。无论什么职业，人们都不应抱有歧视态度。对职业的轻视与看低，就是在看低劳动本身；每个人都是劳动者，这无异于轻视自我。只要是合法劳动，就都值得我们尊重。尊重是对劳动者最好的赞美，我们应当公平地对待每一位劳动者，让劳动精神闪光。

毋庸置疑，劳动不分贵贱，每一位劳动者都应当受到尊重，每一位劳动者都值得被尊重。首先，每一位劳动者在法律和人格上都是平等的，没有高低之分。其次，相关部门应当切实维护和保障每一位劳动者在就业、医疗和养老等方面的合法权益，为劳动者

营造公平、有尊严、体面的外部环境。

就大学生而言，对劳动者的尊重，应体现于日常行动之中。比如，走在大街上，对辛劳的环卫工人多些尊重，不要乱扔垃圾；收到外卖或快递后，对风雨无阻的快递人员多些关心，由衷地表示感谢；就餐时，对服务员多些微笑与理解，等等。然而，社会上仍有少部分人缺乏对劳动者，特别是对体力劳动者的尊重。

一个社会的正常状态是既有拔尖和高素质的精英教育，也不缺乏对普通人的承认和敬重。但目前社会上还存在对劳动和劳动者的价值缺乏承认与尊重的情况。我们应该从自我做起，尊重各行各业的劳动者，不论他们的岗位是多么平凡，不论他们做的是多么不起眼的劳动，只要他们是通过自己勤劳的双手造人生、服务社会，就值得我们尊重。

二、珍惜劳动成果

工作没有高低、贵贱之分，无论何种工作都需要有人去做，为之付出。一切劳动的结晶，都凝聚着劳动者的汗水和心血。珍惜劳动成果就是尊重劳动和劳动者的具体体现。尊重一切合法的劳动，珍惜一切合法的劳动成果，有助于全社会形成尊重和热爱劳动的风气。此外，人类社会中的每个个体奋斗的过程都是劳动的过程，每个看似不起眼的劳动付出，都是为个人的成功添砖加瓦。我们既要尊重别人的劳动，珍惜他人的有益于社会的劳动成果，同时也要尊重自己的劳动，珍惜自己在劳动中取得的每一项成果。

（一）什么是劳动成果

劳动成果是指人类通过创造物质或精神财富的活动而形成的工作或事业上的收获。按照脑力劳动和体力劳动的区分，劳动成果可分为脑力劳动成果和体力劳动成果。脑力劳动成果也称智力成果，即通过脑力劳动创造的劳动成果，主要表现为科学技术成就、发明创造以及文学艺术作品等。例如，发明家发明创造的新事物；作家创作的文学作品；教师教书育人，培育出栋梁之材；医生治病救人，使每位患者康复，等等。体力劳动成果是靠人类体力来实现的劳动成果，可以将除脑力劳动成果以外的劳动成果都看作体力劳动成果。例如，农民耕种生产粮食；快递员送包裹；消防员灭火抢险，保障人民的生命安全；交通警察维护道路交通安全，保证我们的出行安全；清洁工打扫卫生，创造出干净的环境，等等。

（二）劳动成果来之不易

"一粥一饭，当思来处不易；半丝半缕，恒念物力维艰。"我们吃的粮食、穿的衣服、读的书本、用的文具、住的房屋、乘坐的交通工具，还有我们听的音乐、看的电影、使用的智能手机……这些劳动成果都凝聚着劳动者的汗水和心血，都是劳动者辛勤劳动的成果。"锄禾日当午，汗滴禾下土。谁知盘中餐，粒粒皆辛苦。"这是我们从小就耳熟能详的诗句，而且我们深知其中的寓意。这两句诗体现了我国劳动人民的优良传统，不仅表现了劳动者生产的艰辛，更从侧面告诉人们要珍惜他人的劳动成果。

无论是简单劳动还是复杂劳动，虽然劳动的代价各不相同，但都来之不易。例如，每天凌晨三四点，当大多数市民还在睡梦中时，环卫工人就开始了一天的忙碌，仔细清理城市的每一个角落。每天太阳升起前是他们最忙碌的时刻，他们赶在我们早上出门前，把城市打扫得干干净净。简单劳动并不简单，其成果来之不易。同样，复杂劳动也甚为艰难，其劳动成果也来之不易。就如我们生活中常见的彩色电视机，其发明者约翰·洛吉·贝尔德在研制过程中，没有设备和器材，就将吃饭的钱一点点节省下来购买设备，以旧茶叶箱、编织针等代替试制材料；肚子饿了，就吃点面包充饥；工作累了，就和衣而睡，醒来继续干。就这样，从黑白电视机到彩色电视机的成功研制，他先后花了40年时间，这期间他所遇到的艰难曲折和花费的心血，令人难以想象。

对大学生而言，我们应该学习先贤哲人珍惜劳动成果的优良思想，继承发扬劳动人民的勤俭美德，养成不过分讲究吃、喝、穿的良好习惯。在学习中，对书籍、作业本、等都要细心爱护，不能随意弄坏、丢失。外出期间，要爱护环境，遵守交通规则。这些都是珍惜劳动成果的具体表现。

第二节　培养良好的职业素养

有一种人总是不满自己的工作现状，满腹牢骚。这样的人很难从工作中获得快乐，更谈不上有成就感，其实是很可怜的，其结果只能是郁郁寡欢。另外一种人，他们热爱自己的工作，即使他们的工作单调、乏味，就像上面的故事中第三位工人那样，他们也能从单调的工作中寻找到快乐，从乏味中体会到幸福。社会所需的优秀员工应该具有高度的责任感，懂得体会工作中的乐趣。作为高校的学生，我们应该学习第三个工人，珍惜每一个工作机会，为人生的幸福而努力工作。

对于部分高校的毕业生来说，能够顺利找到一份工作已不容易，更别说找到一份自己喜欢并且满意的工作；用人单位也很犯难，经常都觉得"招不到合适的人"。而大量的事实表明，这与求职者的职业素养能否满足企业的要求有直接关系。既然，社会对职业素养有较高的要求。那么，高校的毕业生应该有意识地培养职业素养。

一、职业素养

（一）职业素养的含义

职业素养是指人类在社会活动中需要遵守的行为规范，是职业内在的规范和要求，是在职业过程中表现出来的综合素质。简单地说，个体职业行为的总和构成了自身的职业素养，职业素养是内涵，个体行为是外在表象。它是衡量个人能否胜任所在岗位、体现个人在职场中能否适应的智慧和素养。①

（二）职业素养的分类

职业素养根据其属性分为显性职业素养和隐性职业素养。

1. 显性职业素养

显性职业素养是人们可以看见的外在表现，比如外貌形象、知识储备、职业行为和职业技能等，由各种学历证书和职业资格证书来证明。

2. 隐性职业素养

隐性职业素养就是看不见的内涵表现，如职业意识、职业道德、职业作风和职业态度等。

二、职业素养的构成

职业素养由人们从事某种职业所具备的知识、素质和技能构成，它包含专业知识、职业技能、职业意识、职业形象、职业道德等多个方面，是一个有机的整体。②

（一）职业知识技能

职业知识技能简单来说就是做好一个职业应具备的专业知识和技能，同时还包括良好的沟通和协调能力。不同行业有不同行业的知识技能，提升职业知识技能是为了把工作做得更好。

（二）职业意识

职业意识就是从业人员对自己的本职工作具有足够的认可度，理解自己的工作，包括其自身的职业心理素质以及思想素质。③这反映出一个人对于职业的看法和态度。广义上可理解为职业认知、职业行为、职业意志等，狭义上可理解为责任意识、服务意识和创新意识等。

（三）职业形象

不同的职业需要不同的职业形象，职业形象既要符合职业要求，又要根据不同的主

---

① 吴吉明，王凤英. 现代职业素养[M]. 北京：北京理工大学出版社，2018：12.

② 李颖，韩仕军，宋采德. 职业素养[M]. 天津：天津科学技术出版社，2018.

③ 王孟博. 当代高职学生职业意识培养探析[J]. 青岛远洋船员职业学院学报，2019（3）：33-36.

体有个性变化。职业形象的打造要做到以下几点：一是符合个人年龄；二是符合个人气质；三是符合办公风格；四是符合工作特点；五是符合行业规范要求。个人的举止也要根据不同的场合有不同的表现。总之，良好的职业形象，对个人职业生涯的发展有着积极的作用。

（四）职业道德

职业道德，是从事一定职业的人，在工作或劳动过程中，所应遵循的、与其特定职业活动相适应的行为规范。它既是对本行业人员在职业活动中行为的规定，又是行业对社会所负的道德责任与义务。[①]

1. 文明礼貌

文明礼貌是中华民族的传统美德，指人们的行为和精神面貌符合社会规范的要求。一般要求做到仪表端庄，举止得体，待人热情。

2. 爱岗敬业

爱岗敬业就是要热爱自己的本职工作，认真对待自己的工作，任劳任怨。爱岗和敬业相辅相成，互为前提。爱岗是敬业的基础，敬业是爱岗的升华。

3. 诚实守信

诚实与守信既相互联系又相互统一，是高度一致的思想和行为的具体表现。

诚实守信，是做人的基本准则。诚实，就是忠诚老实，为人处世以诚相待；守信，则是信守承诺，讲信用。

4. 客观公正

客观公正，是指在处理事务和问题时，坚持中立的立场，公平公正地对待双方。客观公正最重要的是坚持真理，不偏不倚。在处理具体的事情和问题时，一定要做到实事求是，就事论事。

5. 遵纪守法

遵守纪律和法律是对每个公民的基本要求。员工应遵守纪律和规章制度，特别是与职业活动有关的职业纪律和规章制度。员工还应做到守法，必须了解所处行业和岗位的相关法律法规。

6. 交流沟通

沟通是人与人、人与群体间的思想感情的传递和反馈的过程，目的是在思想上达成一致，感情上达到顺畅。沟通不仅包括信息，还包括思想和情感。在工作中，信息是很

---

① 元三. 职业道德[M]. 沈阳：辽宁人民出版社，1984：35.

容易交流的，但是由于各种原因，思想和情感往往是不容易交流的，这就导致了很多低效甚至无效的交流。

7. 团队合作

合作是现代人的一项基本素质与品格。如果一个人不能与别人真诚合作，他就不可能成功。因此，教师和家长要给学生灌输合作意识。一个人只有具备合作意识，才会产生合作的行为，只有互相合作，才能化腐朽为神奇，化不可能为可能。[①]

高校的学生应该知道，要想实现团队合作，至少应该注意以下两个方面，首先是团队意识，其次是团队的凝聚力。每一个成员都能感受到自己是团队的一分子，自觉地将个人和团队联系在一起。一个人在职业生涯中很少有机会扮演独行侠，大多数时候人们都是处在不同的群体里，只有发挥自己的最佳能力，激发团队的最大潜能，才能在紧张激烈的职场竞争中取得胜利。

8. 解决问题

在解决问题的过程中，分析判断是非常重要的环节，了解分析判断问题的流程，就能完善分析判断问题的各个环节，从而提高解决问题的能力。

三、提升职业素养

提高职业素养对高校的学生来说具有十分重要的意义。以个人的角度而言，缺乏良好的职业素养，很难取得优秀的业绩，更不可能建功立业；以企业的角度而言，具备较高职业素养的人员才能实现职业生涯更好的发展，为企业多做贡献。因此，培养职业素养尤为重要。

（一）培养职业意识

在高校教育中，实践是学生了解自己和职业生涯最直接的途径。学生可以了解自己的职业前景，了解自己是否适合这个职业，了解这个职业的日常行为准则和专业技能，增强对这个职业的认识和热爱，提高自己，挖掘自己的潜力。通过实践训练，累积经验，调整自己，形成正确的职业意识。

（二）加强专业知识技能培训

高校的学生在学校进行系统化的基础知识及专业知识学习，增强对专业的认知和知识的运用，并培养学习能力和学习习惯。学生在课堂上认真学习老师教授的各类知识，掌握专业理论知识和技能；在实习实训的职业环境中获得与实际操作相同的体验，并逐步掌握职业岗位所需的基本技能。

---

① 杨秀凤. 浅谈如何培养学生的团队合作精神[J]. 黑河教育，2020（5）：42-43.

读书时光是增长技能、积蓄能量的重要时期，同学们必须获得专业知识，取得各类证书，努力提升人际交往能力、竞争能力和合作能力。

（三）遵守职业道德

每种职业都担负着一种特定的职业责任和职业义务。由于各种职业的职业责任和义务不同，从而形成各自特定的职业道德的具体规范。职业道德是社会道德体系的重要组成部分，用于调节职业交往中从业人员间和从业人员与服务对象间的关系，有利于促进本行业的发展，有助于提高全社会的道德水平。

（四）培养良好的沟通能力

高校的学生在日常的生活和学习中，必须针对语言组织和交流沟通能力进行科学有效的训练，积极培养良好的沟通能力。学生可以通过创设情景谈话，锻炼口语表达能力；除此之外，还应该对"第二语言"——体态——展开训练，包括表情、手势、动作、姿势等。

（五）培养团队协作精神

孔子说："三人行，必有我师焉。"当团队的每一个人都懂得奉献、取长补短时，个人的能力肯定会得到大大的提升，如果大家把团队里面每一个成员的优点都变为自己的长处，灵活运用，不仅团队的力量日益强大，自己的能力也会得到提升。团队协作能激发成员不可估量的潜力，让每个人发挥出最强的力量。这就是人们常说的"1+1＞2"，也就是说，团队工作成果往往能超过成员个人业绩的总和。

第三节　职业道德与职业操守

一、职业道德的含义

所谓职业道德，就是同人们的职业活动紧密联系的符合职业特点所要求的道德准则、道德情操与道德品质的总和，是一定社会中道德基本要求在不同的职业活动中所表现的特定行为规范。

在内容方面，职业道德总是要鲜明地表达职业义务、职业责任及职业行为上的道德准则。它不是一般地反映社会道德和阶级道德的要求，而是要反映职业、行业以至产业特殊利益的要求；它不是在一般意义上的社会实践基础上形成的，而是在特定的职业实践的基础上形成的，因而它往往表现为某一职业特有的道德传统和道德习惯，表现为从事某一职业的人们所特有的道德心理和道德品质，甚至造成从事不同职业的人们在道德上的差异。

救死扶伤是医生的职业道德，维护法律和社会正义是律师的职业道德，客观公正是记者的职业道德，"三爱两人一终身"是教师的职业道德。而对在企业里工作的人来说，不向竞争对手透漏商业情报，不公开贬损自己同事的个性化细节，这些都是职业道德的一部分。

职业道德不仅关系到个人的名誉和形象，也关系到社会的持续发展。经济学中有个著名的劣币驱逐良币定律，说的是在铸币时代，当越来越多因磨损而成色不足的铸币（劣币）进入流通领域，人们就会倾向于将那些足值的铸币（良币）储藏起来，结果，市场上的良币被驱逐，而劣币大行其道。最后的结果是大家又恢复以物易物，金融市场就没有了。所以一个职业道德的缺口，往往导致整个行业的衰败，最后的受害人还是自己。

例如，在二手车市场，由于买卖双方的信息不对称，二手车商家常将收购来的车况较差的车从表面将其伪装成一辆好车，购车者根据外观推测一辆车的报价可能就存在误区，无法辨别车子质量的优劣，从而使得优质车市场被劣质车市场占据。

二、职业道德的特点

对于从业人员而言，要理解职业道德需要掌握以下四项内容。

（一）职业道德具有适用范围的有限性

每种职业都担负着一种特定的职业责任和职业义务。由于各种职业的职业责任和义务不同，从而形成各自特定的职业道德的具体规范。

（二）职业道德具有发展的历史继承性

由于职业具有不断发展和世代延续的特征，不仅其技术世代延续，其管理员工的方法、与服务对象打交道的方法，也有一定的历史继承性。如"学而不厌，诲人不倦"，从古至今始终是教师的职业道德。

（三）职业道德表达形式多种多样

由于各种职业道德的要求都较为具体、细致，因此其表达形式多种多样。它总是从本职业交流活动的实际出发，采用制度、守则、公约、承诺、誓言、条例，以及标语口号之类的形式。这些灵活的形式既易于为从业人员所接受和实行，也易于形成一种职业的道德习惯。

（四）职业道德具有强烈的纪律性

纪律也是一种行为规范，但它是介于法律和道德之间的一种特殊的规范。它既要求人们能自觉遵守，又带有一定的强制性。就前者而言，它具有道德色彩；就后者而言，又带有一定的法律色彩。就是说，遵守纪律既是一种美德，又带有强制性，具有法令的要求。例如，工人必须执行操作规程和安全规定；军人要有严明的纪律；等等。因此，职业道德有时又以制度、章程、条例的形式表达，让从业人员认识到职业道德具有纪律的规范性。

三、职业道德的作用

职业道德是社会道德体系的重要组成部分，它一方面具有社会道德的一般作用，另一方面又具有自身的特殊作用，具体表现如下。

（一）调节职业交往中从业人员内部以及从业人员与服务对象之间的关系

职业道德的基本职能是调节。一方面，职业道德可以调节从业人员内部的关系，即运用职业道德规范约束职业内部人员的行为，促进职业内部人员的团结与合作。如职业道德规范要求各行各业的从业人员团结、互助、爱岗、敬业、齐心协力地为发展本行业、本职业服务。另一方面，职业道德可以调节从业人员和服务对象之间的关系。如职业道德规定了制造产品的工人要怎样对用户负责；营销人员怎样对顾客负责；医生怎样对病人负责；教师怎样对学生负责；等等。

（二）有助于维护和提高本行业的信誉

一个行业、一个企业的信誉，也就是它们的形象、信用和声誉，是指企业及其产品与服务在社会公众中的被信任程度。提高企业的信誉主要靠产品和服务的质量，而从业人员职业道德水平高是产品和服务质量的有效保证。若从业人员职业道德水平不高，则很难生产出优质的产品和提供优质的服务。

（三）有助于促进本行业的发展

行业、企业的发展有赖于高的经济效益，而高的经济效益源于高的员工素质。员工素质主要包含知识、能力、责任心三个方面，其中责任心是最重要的方面。而职业道德水平高的从业人员必然有责任心。因此，职业道德能促进本行业的发展。

（四）有助于提高全社会的道德水平

职业道德是整个社会道德的主要内容。职业道德一方面涉及每个从业者如何对待职业，如何对待工作，同时也是一个从业人员的生活态度、价值观念的表现，是一个人的道德意识、道德行为发展的成熟阶段，具有较强的稳定性和连续性。另一方面，职业道德也是一个职业集体甚至一个行业全体人员的行为表现，如果每个行业全体人员、每个职业集体都具备优良的道德，对整个社会道德水平的提高肯定会发挥重要作用。

四、职业理想与职业道德

职业道德虽然是一种社会意识，但它是直接作用于社会行为的特殊意识，具有其他道德不具有的社会现实性和具体性。例如，一个人是不是从事着自己喜爱的职业？他是不是把自己的工作看作自己人生理想的实现？如果当一个人从小热爱一种职业，并树立起对它的理想追求，那么，在他长大成人后，终于能够从事这项工作时，或许会保持一种较高的职业理想追求，因而具有较高的职业道德。但在很多情况下，我们是被动地选择着自己的职业，或者自己学习的专业限制了职业的选择，这就在某种程度上使自己的理想与职业产生矛盾。如何树立正确的职业理想，如何适应社会主义经济发展的需要，发挥自己的才能，就成为一个重要的问题。

应该说，职业理想的形成对今后职业道德建立的影响是很大的，而树立正确的职业理想，一般需要有以下几个条件。

第一，把生活看作一个劳动过程。当你确立依靠自己的劳动创造自己未来的目标时，就会使自己的职业理想建立在一个客观的现实的基础上，就会努力创造条件，不断追求，使职业理想不断升华，人生更显光彩。

第二，热爱自己的祖国，热爱自己的家乡。这看似与职业理想关系不大，其实它是树立职业理想的基本思想条件。当你从心底里建立起这两个热爱，你就会把个人的职业理想与祖国的命运、家乡的发展、父母的企盼联系在一起，从而把个人的理想与平凡而伟大的职业联系在一起，有了这样的职业理想就一定会有高尚的职业道德。

第三，正确地评价自己的职业理想，客观地看待社会发展条件是否允许实现个人职业理想。其实一个人可能一生都在寻求自我职业理想的实现，但客观地认识社会发展水平和实现自我职业理想的条件，就是一个主观见之于客观的过程，只有当理想与现实达到一致时，职业理想才能成为现实。

正确的职业理想形成后，它的突出作用首先表现在选择职业时，不以个人喜好为转移，不受不现实的理想所干扰，不为个人得失和名利所诱惑，就能正确地做出职业选择，并全身心地投入工作。其次是正确的职业理想对创造性工作和特殊职业的职业道德的确立具有促进和提高作用，如教师、医生、军人、警察等职业，就需要极高的奉献和敬业精神。因此，大学生在选择职业前，如果能树立正确的职业理想，这将会对正确地选择职业、建立高尚的职业道德，起到不可估量的作用。

五、加强职业道德修养

职业道德修养有一个不断完善的过程。

1. 树立职业道德意识

职业道德意识，即从业者通过学习和实践体验，将外在的职业道德原则、规范和职业岗位道德的基本要求,内化为自身的职业道德认知、情感、信念和意志,它是从业者实施职业道德行为的一种精神力量。

(1)提高职业道德认识。这是职业道德的起点和形成良好职业道德品质的第一步。强化职业道德认识,有利于提高学习职业道德理论的主动性。

(2)陶冶职业道德情操。从多方面丰富职业道德知识,不断深化和总结职业道德体验,使之成为理性、稳定的情感。在职业活动中,培养职业道德情感能够加深对真善美喜爱的体验,强化对假恶丑憎恨的体验,从而使职业道德情感更趋深沉、持久和成熟。

(3)增强职业道德信念。增强职业道德信念,即从业者具有发自内心地对某种职业道德义务的真诚信仰和强烈责任感,它是坚持职业道德行为、形成职业道德习惯的个性心理倾向。增强职业道德信念是从业者提高职业道德意识的主要方面,是遵守职业道德规范的重要保障。

(4)锻炼职业道德意志。从业者在履行职业道德义务的过程中培养自觉克服困难和障碍,做出职业道德选择的毅力。它是贯彻职业道德信念并使职业道德行为持之以恒的重要精神力量。

大学生应在学习期间认真学习社会主义职业道德的有关理论,通过专业知识的学习、实训、实习和社会实践的体验,加深对职业道德理论的理解,以便在将来或现实的职业岗位的工作实践中身体力行,养成良好的职业道德习惯。

2. 加强职业道德实践

职业道德的认识、情感、信念和意志只有通过职业道德行为才能表现出来。

(1)在日常生活中培养。好的习惯是在日常生活中长期养成的,这就要求我们从小事做起,从自我做起。

(2)在专业学习中训练。职业素养、职业技能是能否胜任工作岗位的基本条件。这要求我们在遵守职业规范的同时,努力提高自身的职业素养。

(3)在社会实践中体验。实践是知行合一的主要场所,我们一方面要培养职业情感,另一方面要学做结合,做到知行合一。

(4)在自我修养中提高。客观看待自己,敢于自我批评,努力做到经常自省;在生活中学习榜样,努力做到"慎独"。

(5)在职业适应的活动中强化。将道德知识内化为信念,将职业道德信念外化为行为。

心态养成行为,行为练就习惯,习惯成就性格,性格决定命运。我们每天工作的同时,努力遵守职业道德,就有了好的心态;在职业道德的指导下努力工作,就是一种好的行为;每天都认真地去做,就是在养成一种工作上的好习惯;有了这个好习惯,不用人来监督,自己就会按照高标准认真去工作,努力工作、认真负责慢慢地就内化成了自己性格中的一部分。那么，性格就决定了命运。只有职业道德修养达到一定的境界，人才能在职业中充分发挥个人的智慧和力量，在职业中充分体验到人生的幸福。

第四节　全面提升大学生核心竞争力

"核心竞争力"这一概念是由美国经济学家普拉哈拉德和哈默尔于 1990 年在《哈佛商业评论》上首次提出的。相对于企业的核心竞争力，个人同样具有核心竞争力问题。大学生核心竞争力是以其拥有的知识和技能为基础，在不断学习中创新，在不断创新中整合各项可供利用的资源，充分凸显资源要素的效用而使自我获得持续竞争优势的能力。

一、大学生核心竞争力的内涵

核心竞争力理论是当代经济学和管理学相互交融的最新、最高成就之一。核心竞争力主要指以企业的技术能力为核心，通过对战略决策、生产制造、市场营销、组织管理等因素的整合而使企业获得持续竞争优势的能力，其本质是"让消费者得到真正好于竞争对手的不可替代的价值、产品、服务和文化"。如果将这一定义应用于个人核心竞争力，可以这样理解：个人核心竞争力是个人以其拥有的知识和技能为基础，在不断学习中创新，在不断创新中整合各项可供利用的资源，充分凸显资源要素的效用而使自我获得持续竞争优势的能力。个人核心竞争力是个人综合素质的集中体现，而综合素质是人文精神、科学素养、创新能力和创业精神的有机结合。因此，我们可以认为：大学生的核心竞争力是以个人专长为核心的知识、技能、能力、素质等各方面的综合体。

总的来说，大学生核心竞争力是指一名大学生以其拥有的知识和技能为基础，通过对其战略性资源的创造、获取、整合，使自我获得持续竞争优势的能力。

二、大学生核心竞争力的特点

（一）时代性

经济社会的发展日新月异，人与人之间的竞争也越来越激烈，要想在竞争中取胜，必须拥有明显超越他人的素质和能力，而这种超越他人的素质和能力还必须能够很好、很快地顺应时代潮流和现实社会发展的需要，否则就没有什么优越性可言。因此，时代性是大学生核心竞争力的重要特征之一。

（二）稳定性

坚强的意志品格、专心致志的科学精神、诚信明礼的生活态度、良好的心理素质等都不是一蹴而就的，需要长时间的磨炼和培养，也最不容易被别人赶超，因此，拥有这样的稳定性就具备了一定时期内的竞争优势。稳定性由此成为大学生核心竞争力中不可缺少的因素。

（三）创新性

在成熟的市场经济条件下，人与人之间的竞争越来越激烈，要在竞争中取胜靠的是人的内在素质和发展后劲，这种内在素质和发展后劲又必然外化为一种创新的能力。一名大学生如果没有自己独特的不可替代的创新能力和潜力，没有"你无我有"的优势，就很容易在工作和生活中成为可替代的人。大学生要想在激烈的市场竞争中一显身手，就必须注重自身的独立性，这种独立性与创新意识和能力是相辅相成的，正是从这个角度，我们认为创新性是大学生核心竞争力的重要因素。

（四）实践性

实践能力有广义与狭义之分。狭义的实践能力一般指改造自然、改造社会的能力，如实验能力、管理能力、操作能力等。广义的实践能力还包括认识自然、认识社会的能力，如生活能力、社会交往能力等。对大学生实践能力及其构成要素的认识应该从广义的角度去考察，其中包括学生的生产实践能力、社会实践能力和科学实验能力等。

（五）专业性

牢固地掌握自己的专业知识是对大学生的基本要求，在此基础上，学习外专业的基础课程，或参加各种相应的资格证书考试，对拓展自己的知识面、开发自身潜能和改善知识结构有很大的帮助，也是增强大学生核心竞争力直接和有效的途径。

（六）异质性

个人所拥有的核心竞争力应当是其他人所不具备的，或者是其他人暂不具备的，即个人拥有的在某一项工作中的思维能力和实践能力至少应当领先于或区别于其他人，才能成为其成功发展的关键因素。这种核心竞争力的异质性决定了每个人之间的能力和为企业创造效益的差异性。

三、大学生核心竞争力的发展必要性

（一）有利于促进经济社会的发展

大学生是国家重要的人力资源，是未来各行各业重要的建设者，是社会主义现代化建设的中坚力量。如果大学生的核心竞争力不强，他们就很难顺利就业，而成为社会中的"就业难"群体，无法发挥自身的优势为国家和社会服务，反而会影响经济社会的发展。另外，如果大学生的核心竞争力不强，他们也很难在工作中创造出良好的业绩，同样不利于经济社会的发展。

（二）有利于缓解就业压力，增强高校竞争力

高校竞争力的强弱取决于其软硬件条件的好坏，其中人才培养质量是重要的条件，而人才培养质量的衡量标准就是大学生的核心竞争力。大学生核心竞争力的培养和提升，不仅可以提高大学生的综合素质，增强大学生在就业时的个人优势，而且也能带动高校竞争力的提升。

（三）有利于大学生自我意识的培养

当代的大学生多数是独生子女，他们的依赖性较强，但自我意识较欠缺。而人的一生始终都在寻找自我，实践自我，超越自我，对于处在自我意识迅速发展时期的大学生来说，更应该积极主动地去认识自我，塑造自我，完善自我。高校应该在培养大学生核心竞争力的过程中，积极引导大学生更关注自己的内心世界，引导他们正确地自我认识、进行自我评价和自我调控，而大学生自我意识的培养有助于高校培育全面健康发展的人才。他们为了保持自身在激烈的人才竞争中的持久优势，必须随时根据社会的需求变化及时调整自己的核心竞争力。面对迅速变化的环境，尽量比竞争对手学习和适应得更快，以保持自己持久的竞争优势。

（四）有利于大学生未来职业生涯的发展

一个拥有核心竞争力的人，在组织中容易被发现和重视，能够获得更多的发挥作用和展示才华的机会，从而拥有良好的职业发展基础。另外，机会是为那些有准备、综合素质高的人提供的。核心竞争力强的人，往往可以脱颖而出，容易把握发展机会，乃至创造发展机会；相反，即便机会来临，他也无法抓住，只能处于被动选择和濒临被淘汰的尴尬地位。

四、大学生核心竞争力面临的问题

（一）教育体制和培养模式存在的问题

国内高校由于多种原因（如就业市场无序、考研冲击、教学计划教条等）的影响和冲击，培养模式和学制单一（本科四年），大量的实践教学难以落实，尤其是第七学期的正常教学和第八学期的毕业实习与论文设计质量难以保证。另外，现有的教育体制存在文理分割、专业划分过细、学生自我选择专业的自由度过低等问题，被动学习的现象仍然存在，学习的积极性得不到充分的激发，影响了学生质疑精神的培养和创新能力的提升。

（二）大学生能力与社会需求之间存在差距

现在的高校教育存在重专业课轻公共课（通识教育课）、忽视学生综合素质和能力培养的现象，这必然会导致学生的能力跟不上社会经济发展的需要。笔者发现，在上公共基础课时学生出现旷课、不认真听讲的现象，有一些学生来上课了也是"身在曹营心在汉"，但是在上专业课时这种情况就很少。我们应该认识到，核心竞争力是一种综合能力，而不仅仅是专业知识的掌握。只重视专业课教育而忽视综合素质和能力培养的后果是，大学生的能力与社会需求之间的差距越来越大。

（三）大学生个性发展问题突出

目前，高校教育存在重智力因素发展、忽视非智力因素培养的现象，导致部分大学生人文素养缺失、人格障碍凸显、个性发展问题突出。个性发展问题具体表现为：在价值观的选择上越来越趋向于实用化；政治信仰平淡化；在人际关系方面表现为过分强调自我，团队意识淡薄等。

（四）社会评价标准走向极端

现在社会，对大学生核心竞争力达到什么样的水平，最直观的判断标准是专业成绩和资格证书。证书固然是缩短企业识别人才周期的一个有效途径，但证书只能说明一个人在某一领域达到了一定水平，证书对知识储备有一定的考察，但对能力的考察严重不足，比如对一个人是否具有可持续发展的潜能、是否具有创新、开拓性思维等方面的考察，通过证书是看不出来的。

五、大学生核心竞争力如何提升

部分高校在培养大学生创新能力和创新思维方面存在明显的不足，导致培养的人才与社会要求相差甚远。所以，要通过教育改革及科学、有效的教育实践，调动教育者和被教育者双方的积极性，完善和实施素质教育，使大学生的创新潜能获得最大限度的开发。

（一）构建人才培养新模式

随着我国教育呈现出大众化、国际化的发展趋势，要培养具有创新精神的高素质专业人才，必须转变观念，引入现代教育管理模式，不断进行教学目的、目标、内容、方法和手段的改革，逐步构建起注重素质教育，融传授知识、培养竞争能力与提高素质为一体、适合创新人才成长的教育培养模式。

1. 构建符合社会需要的人才培养模式

第一，要把对学生创新精神和创新能力的培养作为首要任务，满足学生个性发展的需要。培养创新人才的个性特征，就是使学生有高度的自觉性和能动性，有旺盛的求知欲，有强烈的好奇心，有广泛的知识面，有执着的事业心，有丰富的想象力。高等教育对学生不是一种单纯的知识传授，而是一种哲学思维训练，通过灵活多样的教育形式，充分启发和调动学生的形象思维，引导学生的抽象思维。通过自我概括、自我升华，加深学生对自然、对人生的认识和理解。通过思想政治教育引导学生围绕某一现实社会问题，从不同侧面、不同角度进行分析与思考，培养他们的求异思维和求同思维，提高他们思维的独立性、批判性和灵活性，引发他们思维视角的转换，从而为创新思维的形成奠定基础。

第二，根据不同层次人才的培养目标确定教学特色。例如：大专层次教育应以突出专业、实务操作、培养专门人才为重点；本科生的教学应以掌握基本理论、基本知识、基本技能和初步的分析研究方法为重点；硕士研究生应以开设研究型课程、培养自主性学习能力和专业研讨能力为重点；博士研究生应以深层次理论研究、科技攻关、培养原创型科研能力为重点。其中，本科教育是高等教育的主体和基础，是创新人才培养的关键环节。

2. 构建具有竞争优势的人才教学模式

第一，加大通识教育的比例。当前大学生知识的广度不够，不同学科、体系从知识上来说总是相互联系的，拓宽知识面无非是从不同学科中汲取不同的方法，形成交叉或多向性的思维方式，相互借鉴，即广博才能精专；尤其是人文科学是目前学生感到难以满足的，人文科学中的社会知识、文化知识、历史知识、心理知识、美学知识等，是完善的知识结构的重要基础。作为一名大学生，这种广博知识的积累至关重要；同时，高校还要注重对大学生创新能力的培养，如自学能力、研究能力、表达能力和组织管理能力等。

第二，创新教育方法，构建复合型人才的能力结构。培养大学生创新精神及创新能力不仅需要完善健康的人格特征，也要求其具有完善的能力结构。知识的传授，应在有限的时间内给学生描述出或者在脑海里构建出基本知识的框架，然后给学生一定的自学时间，让其在基础知识的架构下不断充实。高校要真正改变说教式、填鸭式教学方式，建立教学民主观。

教学民主就是在教学上教师和学生要处于平等地位，把教学当作师生双方相互学习的过程。教学方法要由以老师讲授为主改为以学生自学为主，在教学过程中充分发挥学生的主体作用，激发他们的学习潜能和学习兴趣。在这一模式下，任课老师作为教学的辅导者和推动者，需要结合实际情况和学生兴趣提出一些问题，调动学生学习的积极性，通过自学培养他们独立思考、分析问题、解决问题的能力，当学生有疑难时指导同学们讨论，帮助他们找到解决问题的方法。此外，任课老师还要有敏锐的观察力和对所授知识更透彻地理解及对课堂节奏更好地把握，不仅要传授知识和技能，更重要的是，传授给学生一种学习方法，使其在以后的学习中甚至终身都有益处。教师要为学生营造民主的学习氛围，引导学生畅所欲言，积极参与课堂讨论。加强教学的互动性，即在专业课讲授之前先给学生一些典型的案例，让学生带着问题查阅资料、去预习。这样的互动教学既生动、深刻，能学以致用，又可以培养大学生的自学能力、对知识的加工能力和综合能力。

（二）培养复合型人才，优化教师队伍结构

1. 培养具有创新优势的复合型人才

人类的创新越来越依赖于哲学社会科学和自然科学的交叉、人文精神和科学精神的融合，离开了对知识的学习和积累，创新就会成为无本之木、无源之水。因此，构建创新人才的培养模式，必须深化教育体制改革，坚持文理学科的相互渗透、科学与人文的相互统一，加快培养大批适应社会发展需要的、具有较高素质的、可以融会贯通地应用多学科知识的复合型人才。

（1）注重培养大学生的健康人格。独立性、坚韧性、克制性、适应性等心理品质，是大学生日后创新必不可少的心理基础。拥有积极乐观的人生态度、艰苦奋斗的精神，适应环境及社会生活，有自我调节控制情绪的能力、人际交往的能力等，是创新必备的心理素质，同时也是创新人才成长中所需培养的重要内容。因此，从心灵深处形成创新人格，并促进大学生创新人格的内化是高等教育不可忽视的重要内容。

（2）充分尊重学生个性。允许学生根据爱好、志向选择自己的专业。通过压缩必修课学分并扩大选修课范围，实行并完善选课制、学分制、双学位制和主辅修制。鼓励学生跨专业交叉选课和报考研究生，推行本硕连读、硕博连读的制度，给学生创造一个全面发展、提高综合素质的良好育人环境。

（3）必须及时调整和改革课程体系。调整和改革知识面过窄、专业过于单一的课程体系，完善人才的知识结构，实行宽口径、厚基础的通识教育。让学生系统接受人文社会科学、自然科学与技术、艺术等基本知识的教育，引导学生自觉用人类最先进的文化知识充实、发展和提高自己，在掌握扎实的专业知识的基础上进行深层次的学习与研究，以克服在人才培养上过窄的专业教育、过重的功利性的缺陷。

2. 优化教师队伍结构

着力营造良好的育人环境。教师作为先进文化的传播者和科学精神的倡导者，在教育创新中承担着重要的使命，在人才培养中占据主导地位，培养大学生的核心竞争力离不开创新型教师队伍的建设。作为教师，首先要更新知识观念，突出其现代性，避免滞后；其次要有强烈的创新意识和创新精神，具备获取和加工创新信息的能力、科学研究的能力和极强的语言表达能力；最后要能遵循创造教育的规律，积极启发和引导学生对创新产生兴趣和激情。

（1）要深化高校人事制度改革。完善教师队伍的选拔培训与考核聘任制度，引入竞争机制，形成优胜劣汰、人才辈出的良好局面。在注重基础理论、基础知识教学研究的同时，加强重点学科建设，高起点地选拔优秀学术骨干，把培养学术带头人与提高队伍的整体素质结合起来，改善教师的工作、学习和生活条件，加大科研奖励基金和拔尖人才培养基金的投入，资助中青年学术骨干参加国内外学术交流活动，建立教师学术假期制度，为造就一批真正能站在科技前沿的学术带头人创造宽松的外部环境。

（2）鼓励有创新经验的学术带头人到教学第一线。把教育创新成果运用于教学科研，建立人格平等、关系融洽、民主和谐、教学相长的教育氛围，用知识智慧启迪学生，用人格魅力感染学生，用渊博学识征服学生，用淡泊明志、求真务实的精神影响学生，通过教师的言传身教，努力造就一大批科技创新的后备力量。

（3）着力提高教师队伍整体素质。教师有没有独到的见解和创新的思想，敢不敢坚持真理、修正错误，是否具有严谨治学、认真执教、乐于奉献、尽职尽责的精神品格，有没有实事求是的科学态度和对工作高度的责任感，直接关系到育人的质量。因此，高校必须着力提高教师队伍的学力水平、学术水平、文化素养等整体素质，造就一支政治素质过硬、勇于创新实践、学术科研能力强的高水平教师队伍。

六、当代大学生如何提升自我核心竞争力

（一）正确认识和分析自我

"知己知彼，百战不殆。"大学生需要对自己及所处的环境进行全面深入的分析，正确定位人生，提高自我认识和自我反省的能力。自我认识是培育个人核心竞争力的基础，一个人只有对自己有清楚客观的认识，才可能扬长避短，树立自己个性鲜明的特色。环境的分析包括宏观的国际国内形势、社会需求、企业组织发展现状、行业特点，学校的基础设施和特色，家庭可以给予的支持和帮助；自身的分析包括自己的专业、性格、爱好、能力、优势、弱势等方面。只有清楚自己具有哪些优势，才能合理有序地整合这些优势，才能形成自己的核心竞争力。

（二）开发与获取核心专长和技能

一名大学生可能具有多方面优势，但这些优势在其核心竞争力中的地位是不同的，在所有优势中居于主导地位，对核心竞争力的形成起决定作用的优势，就是大学生的核心

优势。大学生的核心竞争力即围绕核心优势，整合协调资源和能力，形成综合素质统一体，这一整体的功能大于局部功能之和，即核心竞争力的功能大于所有优势功能的加总。

开发与获取核心专长和技能的途径很多，结合大学生实际，一是学好自己的专业，我们强调扎实的基础知识的重要性，但并不否认专业知识的核心作用。专业知识既是大学生知识结构的核心部分，也是高级应用型人才结构的特色所在，大学生的专业往往成为其核心竞争优势，成为其实施差异化战略的关键步骤，成为其自身赢得竞争的特色。二是参加职业资格考试。目前，我国的职业资格考试种类繁多，外语类、财会类、保险精算类、经贸类、法律类、金融证券类、房地产类，其他如导游资格考试、心理咨询师考试、职业指导人员资格考试等有很多，其中，外语和计算机对于当代大学生尤为重要，通过这些考试，大学生可以提升自己的专业能力，形成自己的竞争优势。

（三）围绕核心优势形成自身核心竞争力

大学生要有整合意识，在整合自己优势形成核心竞争力的实践过程中，要充分发挥意识的能动作用，综合运用自己的知识和技能。通过自己的实力来体现、锻炼、铸造核心竞争力，并不断总结自己，根据自身具体情况形成自己特有的核心竞争力，这种最终形成的核心竞争力是较为稳固的、难以被别人模仿的。同时也应该注意，应用发展的眼光看待问题，核心竞争力在形成过程中及形成后并不是一成不变的，现在是核心竞争力，并不能保证以后还是，它要适应社会的变化而不断地发展。大学生应该经常检查，不断更新，这样，自己的核心竞争力才会得到不断的提升和完善。

未来的竞争，是思想、知识、智慧、创新的竞争，只有具备了核心竞争力，大学生才能具备正确观察世界风云变幻的世界观和方法论，才能有应对各种复杂局面的政治头脑和科学思维，才能站在时代前列，树立与时代相适应的观念，才能有抓住机遇和争得优势的本领和方法。大学生一定要强化对素质和本领的危机感和恐慌感，切实把获得核心竞争力作为人生的第一需要，使核心竞争力真正成为坚定信念之举、立身做人之本、提高素质之径、建功创业之基。

第五节　大学生素质教育与创业教育

素质教育是依据人的发展和社会发展的实际需要，以全面提高全体学生的基本素质为根本目的，以尊重学生主体和主动精神、注重开发人的智慧潜能、注重形成人的健全个性为根本特征的教育。在当今知识经济时代，需要终身学习的时代背景下，素质教育以培养学生的创新精神和实践能力为重点，以提高其生存能力及实现自我的能力为特征，以造就有理想、有道德、有文化、有纪律的德、智、体、美等全面发展的社会主义建设者和接班人为目标。创业教育是指以创造性和开创性为基本内涵，以课程教学与实践活动为主要载体，以开发和提高创业主体综合素质为终极目标，培养其未来从事创业实践活动所必备的知识、能力与心理品质等素质教育。

一、素质教育的内涵

素质教育是一个成长中、成熟中的概念。教育理论界对这一概念的含义进行不同的界定。归纳起来，目前关于素质教育有以下四方面定义。第一，强调素质教育是以全面提高全体学生的基本素质为根本目的的教育；第二，强调素质教育要依据社会发展和人的发展的实际需要；第三，强调充分开发智慧潜能；第四，强调个性的全面发展，以及心理素质的培养。

二、素质教育与创业教育的联系

我国面向全体学生创业教育的直接目标并不是让所有学生都走上自主创业之路，只是培养其具有创业者的素质，开发其创业潜能，为其走上自主创业之路的可能做好准备；着重培养与创业品质相关的独立意识、主动精神、创新精神、冒险精神，自主选择能力和动手能力。也就是说，我国的创业教育在一定程度上首先是要弥补传统的教育方式所带来的弊端。可以说，创业教育与素质教育二者主体相同、目标同向、内容同质、功能同效，创业教育是素质教育的继续和深化。

我国高等院校开展创业教育必须创新，以教育创新带动教育改革，使教育运行机制适应创业人才的培养。高校在人才培养目标上，不应定位于培养被动的就业者，而是要培养有主动创业意识和具有创业精神的学生；在人才培养模式上，不满足于学生仅仅掌握专业知识，还要使他们掌握运用知识和进行知识转化的能力；在教育体系上，不满足于通识课与专业课的简单结合，还要拓展以实践为目的的教育服务环节；在教学和内容方法上，不满足于固有的理论教学内容和课堂教学方法，还要加强教学的实践性内容和实践方法。总之，要转变观念，打破常规，通过创新，建立教育对社会需求的创业人才培养的适应性和灵活性。

三、素质教育与创业教育的具体关系

（一）目的与手段的关系

素质教育是目的，创业教育是手段。创业教育的根本目的是提升学生的综合素质，而创业教育又是素质教育在动态、复杂环境下具体实施的一种手段与方法。素质教育以培养个体综合素养为目标，个体综合素养包括精神和物质两个层面，精神层面包括个体的思维方式，即对世界和人生的看法。物质层面是指个体所拥有的知识、能力和技巧。

个体素养在动态、复杂的环境下集中体现为创业精神和创业能力。创业精神代表一种以创新为基础的做事方式与思考方式，具体包括创新创业意识、协作意识、进取意识、风险意识等；创业能力是指善于发现机会，并创造性地整合资源，将机会转变为价值的能力，具体包括创新能力、资源整合能力、风险防范能力等。因此，开展创业教育最早的目的是提高受教育者的综合素质，而创业教育又是素质教育在动态、复杂环境下的一种实施途径。

（二）整体和部分的关系

素质教育是整体，创业教育是素质教育的一部分。素质教育以培养个体综合素养为目标，是国民教育的最终目标，也是提升国家竞争力的重要途径。素质教育的性质和战略地位已经提高到实施科教兴国和可持续发展战略的高度。创业教育只是开展素质教育的一部分，开展素质教育应该由众多内容和形式构成。从整体和部分的关系，笔者认为创业教育必须服务于素质教育的整体目标，即以培养受教育者综合素养为根本目标，这也是评价创业教育绩效的重要参考标准；同时，开展素质教育有很多内容，但创业教育是在动态、复杂环境下素质教育的重点与核心。

（三）素质教育与创业教育的内在统一性

素质教育与创业教育都有着相似的社会背景，素质教育是相对于应试教育提出的，应试教育培养的是一种被动的学习知识和接受知识的能力；创业教育是相对于就业教育而提出的，就业教育是培养学生被动适应工作的能力。因此，素质教育和创业教育提出的背景具有相似性。

创业教育包括了产业背景和概述、市场调查和分析、总体进度安排、关键点的风险、管理团队、企业经济状况、财务预测假定、假定公司能够提供的利益等，培养了学生利用相关专业技术知识与市场营销系统知识以及开拓性创新思维、团队精神、表达能力及表演能力并采用交互式因素集成法组织教学，充分调动学生的学习积极性和能动性，由学生参与、互动，更多地发挥学生的能力，集中多种教学方法为一个有机整体。教学过程具有专业性、趣味性、启发性和实操性。该教学模式已在阳泉职业技术学院形成一定的影响力并起到示范作用。

四、素质教育与创业教育的相同点

（一）主体同一

素质教育要求充分发挥学生的主体性，让学生主动地学习，生动活泼地发展。"来到学校为什么？成人、成才。到了学校做什么？求识、求技。将来离校做什么？立业、创业。""三个什么"告诉我们，应该尊重学生的主体性，重视学生情感体验和社会实践环节的锻炼。"以人为本"是教育发展的出发点，学校不论开设什么专业，都应以人为本，重视人的基本素质的提高；创业教育重视培养学生的创新意识和创业能力，重视开发思维，启迪智慧，形成健康的心理和完整的人格，在学好专业的同时，还要学会求知、做人、生存和与人共处。两者的主体是高度同一的。

（二）目标同向

教育的终极目标不仅仅是培养就业者，还要培养更多有创造力的创业者。素质教育目标可定为：贯彻党和国家的教育方针，坚持社会主义办学方向，使中小学生在身体素质、心理素质、文化素质、社会素质等方面均得到全面和谐地发展，为提高全民族素质，培养社会主义事业的建设者和接班人奠定了基础。教育目标对内是教育工作的出发点与归宿，对外是教育与社会、个人相互联系的纽带。培养创业者是高等学校实施素质教育的应有之义，有效地培养未来人才的创业能力，也是我国顺应时代要求和世界竞争发展趋势的必然选择。从某种意义上说，创业能力强弱反映了一个人的创新精神和实践能力的强弱，而这恰恰是实施素质教育的重点。创业教育与素质教育在人才培养的目标上是高度一致的。

（三）内容同质

素质教育内容广泛，而且随着社会的发展，对人才的要求也不断变化和丰富。素质教育内容可划分为五个方面，即思想道德素质教育、文化科学素质教育、身体素质教育、劳动技能素质教育、审美塑美素质教育。其目的是培养高素质的全能型人才。

在现阶段，对新一代实施的素质教育既要适应时代的要求，又要适合新一代成长需要，应包括下列主要内容：第一是思想道德素质。思想道德素质在人才的素质结构中具有定向作用、动力作用、支配作用和调节作用，可以说是人才素质中的灵魂。培育一代新人首先应该重视思想道德素质，其主要包括政治素质、思想素质、道德素质、品格素质等。第二是文化科学素质。现代生产、科技的发展，要求人们不断地提高文化科学水平，文化科学素质是现代人素质结构中的主要内容。其主要内容包括基础知识素质、基本技能素质、智力和能力素质、审美素质等。第三是身体素质。身体素质是人才素质结构中的物质基础。重视正在发育成长中年轻一代的身体素质，是为了保证现实学习任务的完成，并为将来从事劳动提供体力条件。第四是劳动技能素质。培养社会主义劳动者是素质教育的出发点和落脚点，包括热爱劳动成果的思想情感、养成劳动习惯、培养劳动技能等。第五是审美素质教育。要运用自然界、社会生活、物质产品与精神产品中一切美的形式给大学生以耳濡目染、潜移默化的教育，以达到美化心灵、行为、语言、体态，以及提高与丰富他们的道德修养与知识的目的。还应让学生有机会参与各类文学艺术的欣赏或自娱，使每个大学生都得到全面发展，成为有想象力、创造力的建设型人才。

创业教育是提高社会发展科学化水平需要，是提高社会就业率的需要，是学生走向生活的需要。

从素质教育和创业教育四方面的基本内涵的比较中，我们不难发现，创业教育内容是融合于素质教育的内容之中的，素质水平是创业实践的前提和基础。高校素质教育的成效可以通过其培养的学生在未来的创业实践中检验；创业实践是素质水平的载体和表现形式，创业的成败依赖于素质教育的扎实程度。素质教育注重的是对人的发展的总体把握，创业教育注重的是对人的价值的具体体现，二者相互促进又相互制约，是密不可分的辩证统一体。

五、创业教育如何进行

创业教育的着眼点，是为了使教育更好地适应社会、经济、文化发展的现实状况，彻底改变教育脱离时代、社会、生活的弊端，使教育更加贴近现实与人生，以此提升人的生活水平，让人生更加完美。创业教育落脚点是社会实践性，创业教育的基本内容决定了创业教育除了要使受教育者形成良好的心理素质和个性特征之外，还要使之具有较强的实际工作能力和动手操作能力，使之成为未来社会的强者和创造者。

从这个意义上说，创业教育的功能就是培养人的终身发展能力，使其学会学习、学会做事、学会合作、学会生存。实施创业教育是社会发展对未来人才素质的新要求。创业教育也可称为创业素质教育。而创业素质与以往素质教育中常讲的科学素质、人文素质及创新素质等密切相关，不可分割，它是一种综合性的、较高层次的素质，其构成除了一般素质教育中共同的部分之外，还应包括创业意识、创业知识结构、创业能力和创业品格等方面。创业素质所体现的特征包括：第一，强烈、持久、主动地追求新异与卓越，乐于异想天开，具有鲜明的个性；第二，积极寻找信息、机会与资源，善于规划和利用时间、精力及外部资源；第三，敢于冒险，善于规划未来，对于确定性、不可预测性应付自如，不满足于现状；第四，执着追求，以过人的毅力来坚持，持有必胜的信念；第五，理智地对待压力、挫折与困难，力求从中获益，并转化为下一步行动的资源与动力；第六，勤于反馈与反思，敢于承担责任。同时，对变化采取欢迎、积极、灵活应变的态度，把变化作为生活方式。这些素质特征与一般素质教育的内容既是相互关联的，又高于素质教育的一般要求，且植根于一般素质教育之中，是对现行学校素质教育内涵的丰富和发展。

总之，素质教育与创业教育、创新教育是三个不同层次的概念，素质教育应当包括创业教育和创新教育。从某种意义上讲，创业教育是素质教育的有效载体。创业教育必须以一定的综合科学文化知识和实践能力作为基础。因此，学校在全面实施素质教育的过程中，只有将创造教育、创新教育和创业教育有机地结合，才能将素质教育落到实处。

六、在创业教育过程中提升大学生素质

（一）打好专业基础

专业基础是指某一专业必须掌握的基础知识和基本技能。素质教育并不排斥学生掌握专业基础知识和技能。恰恰相反，素质教育更强调基本素质的培养。基本素质当然包括基本的专业素质。笔者认为，专业基础应以够用为原则。按照这个原则，对课程进行综合化改造，使学生在较短的时间内掌握本专业所需要的基础知识和基本技能。

（二）发展学生个性

强调用较短的时间打好专业基础，就是为了拿出较多的时间用来发展学生个性。个性即特长，发展个性是形成特长的前提，形成特长是发展个性的结果。没有明确的指导思想，没有足够的时间做保证，学生的个性就难以发展，特长也就难以形成。缺乏个性，没有特长，创业能力也就无从谈起。

（三）激发创新精神

培养具有创新精神的人才，是知识经济社会的呼唤，也是教育发展的内在要求。创新精神的表现是多方面的，但对于大学生来说，创新精神主要体现为创业素质。联合国教科文组织把创业能力作为"学习的第三本护照"，精辟地指出了 21 世纪的教育发展趋势。

（四）改革评价体系

应试教育以智育为中心，以分数为手段，迫使学生被动地接受知识。很明显，这种评价手段抑制了学生的个性发展，忽视了学生的主动性。改革评价体系就是要营造有利于学生打好专业基础，充分发展个性，形成专业特长、增强创新意识的良好环境和氛围，建立起激发创新、鼓励创业、追求创造的新机制。

（五）建设具有创新意识的教师队伍

素质教育呼唤高素质的教育者，创业教育需要具有创新素质与创业意识的教师队

伍，从这个意义上说，实施素质教育以及开展创业教育的关键在于教师。大学教师如果没有先进的教育观念和较强的创业素质，是不可能培养出创业型人才的。当前，大学教师普遍存在着缺乏实践知识、动手能力、创新精神等问题，要解决这些问题，绝非一朝一夕之功。因此，按照创业教育的要求，切实加强师资队伍建设，使教师真正成为科技信息的传播者、学生智慧的点拨者、技能操作的指导者以及创新精神的激发者，将是大学一项长期而又艰巨的任务。

以创业教育为主要内容的素质教育，是职业教育鲜明时代特征的集中体现，也是大学"转轨变型"的良好机遇。抓住了这个机遇，大学就能够摆脱困境，迎接挑战，激发活力，增强后劲。应该指出的是，创业教育在职业教育领域中还是一个新课题，实践探索和理论研究还处于起步阶段。

七、应高度重视创业教育中的心理调适能力培养

心理调适是个性心理特征及个性倾向性中的各因素综合发生作用即调节、平衡心理的过程，是健康心理乃至健康人格的一种体现。人格即个性，指个体经常表现出来的具有一定倾向性、稳定的心理特征的总和，也是一个人的基本精神面貌。在心理发展过程中，个性的发展起着调节平衡的作用，培养良好的个性就能培养较强的心理调适能力。

（一）培养多样的能力、敏捷的反应、乐观的性格

能力，它标志着人在完成某项活动时的潜在的可能性。对自我能力的认知影响人的心理素质，有人因能力强而自信，有人因能力差而自卑。但能力的高低，既因人而异，也因领域不同有高低。要创业必须先了解自身能力特征适合干什么，再来决定创业的目标和方向，同时也要了解他人能力特征以寻求最好的合作者，以期共同发展，并最大限度地调动他人的潜能。因此，创业者需具备较高的综合素质和能力，如语言表达能力、组织协调能力、人际交往能力等，要针对自身实际加强能力的培养以增强自信，提高心理素质。反应，它是人的心理活动的强度、速度、灵活度等方面的体现。激烈竞争，风云瞬息万变，机遇稍纵即逝，这就需要创业者具备灵活、果断、敏捷的反应，才能把握住自己的命运。性格，它显示出人对现实的稳定态度和行为方式上的特征。性格决定命运。具有乐观向上的现实态度和积极肯干的行为方式，是适宜创业者的性格特征，这种性格特征使人产生创业欲望，散发人格魅力，促使创业成功。

（二）培养健康的人生观、价值观和崇高的理想

培养高层次的精神需要、强烈的成就动机及高雅的兴趣爱好，树立健康的人生观、

价值观和崇高的理想，都是创业者具备良好心理素质的根本。人生观是人们对人生价值的根本看法和所持的人生态度。价值观则是人们对各种事物和现象的价值进行认识和评价时所持的基本观点。理想是人生所追求的目标。需要有多种内容和不同层次，自我实现的需要是需要层次结构中的最高层次的需要。创业者都有追求自我价值实现的高层次的精神需要，而忽视较低层次的生理需要和物质需要。高层次的精神需要产生的动机，是强烈的成就动机。成就动机是指内心有强烈实现个人价值，取得事业成就的动力。一方面，他们对知识、事业有浓厚的兴趣，表现出强烈的事业心及对工作的极大热忱；另一方面，他们有广泛高雅的兴趣爱好，以扩大视野、陶冶性情、激活思维，在创业的过程中既充满朝气活力，又不断获得精神营养的补充。总之，不论是健康的人生观、价值观的树立，还是精神需要、成就动机及高雅的兴趣爱好的培养，都能使创业者从认知、情感、意志、行为各方面对内心进行调节，并为认知确定正确的方向，使情感升华，也使意志坚定，让行为果断、敏捷。

参 考 文 献

[1] 张自永. 马克思"劳动"概念的历史性生成——以《1844 年经济学哲学手稿》为中心的分析[J]. 内蒙古师范大学学报（哲学社会科学版），2019（6）：5-8.

[2] 王凤兰，黎延年. 论知识经济条件下劳动的内涵和外延[J]. 社会科学论坛，2003（5）：9-5.

[3] 赵履宽，王子平. 劳动社会学概论[M]. 上海：上海人民出版社，1984.

[4] 程凤山. 劳动教育[M]. 大连：大连理工大学出版社，1993.

[5] 檀传宝. 劳动教育的概念理解——如何认识劳动教育概念的基本内涵与基本特征[J]. 中国教育学刊，2019（2）：88-84.

[6] 陈云龙，吴艳玲. 新时代劳动教育的内涵、特征与价值[J]. 人民教育，2020（7）：35-38.

[7] 刘真. 马克思劳动观研究[D]. 上海：上海师范大学，2012.

[8] 郭冰. 马克思劳动观研究[D]. 洛阳：河南科技大学，2012.

[9] 赵凌云. 大学劳动教育的时代意义与实践路向[J]. 学校党建与思想教育，2020（11）：9-7.

[10] 刘伟亮，谢红，陈思. 新时代大学生劳动教育：价值、内涵与路径[J]. 劳动保障世界，2020（11）：56-57.

[11] 裴文波，岳海洋，潘聪聪. 高校大学生劳动教育的多维透视[J]. 学校党建与思想教育，2019（4）：86-89.

[12] 刘向兵，等. 新时代高校劳动教育论纲[M]. 北京：社会科学文献出版社，2019.

[13] 张健. 中国教育年鉴（1949—1981）[M]. 北京：中国大百科全书出版社，1984.

[14] 中央教育科学研究所. 中华人民共和国教育大事记（1949—1982）[M]. 北京：教育科学出版社，1984.

[15] [苏]伊·阿·凯洛夫. 教育学[M]. 陈侠，朱智贤，邵鹤亭，等译. 北京：人民教育出版社，1955.

[16] 李珂. 嬗变与审视：劳动教育的历史逻辑与现实重构[M]. 北京：社会科学文献出版社，2019.

[17] 檀传宝. 劳动创造美好生活[M]. 北京：中国劳动社会保障出版社，2020.

[18] 王飞. 新中国劳动教育 70 年回顾与展望[J]. 教育史研究，2019（3）：93-103.

[19] 王坤，张敏，王胜男. 新中国 70 年劳动教育研究回顾与理性审视[J]. 中国职业技术教育，2019（24）：36-42.

[20] 徐海娇，艾子. 新中国成立 70 年我国劳动教育价值取向的历史进程与反思展望[J]. 广西社会科学，2019（11）：171-176.

[21] 刘佛年. 既是劳动者又是知识分子[J]. 学术月刊，1958（11）：40-43.

[22] 张应强. 新时代学校劳动教育的定性和定位[J]. 重庆高教研究，2020（4）：5-10.

[23] 卢晓东，曲霞. 大学劳动教育课程框架、特征与实施关键：基于劳动要素的理论视野[J]. 中国大学教学，2020（Z1）：8-16.

[24] 陈磊. 新中国成立初期高等教育模式形成研究[D]. 西安：陕西师范大学，2017.

[25] 朱为鸿. 大学文化创新与组织发展——华中科技大学个案研究[D]. 武汉：华中科技大学，2008.

[26] 李惠红. 新中国劳动教育思想探析[D]. 福州：福建师范大学，2012.

[27] 高月. 关于大学生创业教育存在的问题及对策探究[J]. 辽宁高职学报，2009（S1）.

[28] 周威. 大学生思想政治教育工作中自我教育方法研究[J]. 文教资料，2009：（13）.

[29] 范晓丽. 创业教育：新时期高校思想政治教育的重要内容[J]. 延边党校学报，2009（6）.

[30] 张宏喜. 高校创业教育的要素分析——基于课程体系的维度[J]. 人力资源管理，2010（4）.

[31] 袁震. 我国高校大学生创业教育的现状及存在的问题[J]. 内江科技，2010（5）.

[32] 丁丹丹，郑阳. 浅谈当代大学生创业意识培育[J]. 高等工程教育研究，2010（S1）.

[33] 汪青，何小玲. "90后"大学生创业意识及自主创业能力培养的思考[J]. 现代商业，2011（2）.

[34] 代慧，李瑞存. 将创业教育融入高校思想政治教育——主体性教学模式的创新路径[J]. 河北青年管理干部学院学报，2011（2）.

[35] 王荔. 大学生创业现状与对策[J]. 中国集体经济，2011（15）.

[36] 邱伟光，张耀灿. 思想政治教育学原理[M]. 北京：高等教育出版社，1999.

[37] 黄四枚. 高校大学生创业倾向影响因素实证研究[D]. 中南大学硕士学位论文，2009.

[38] 李璐. 创业文化、创业教育与大学生创业意愿关系研究[D]. 天津大学硕士学位论文，2011.

[39] 李娜. 大学生创业问题调查研究[D]. 郑州大学硕士学位论文，2012.

[40] 何卫华，林峰. 大学生劳动教育理论与实践教程[M]. 厦门：厦门大学出版社，2019.

[41] 黄月. 当代大学生奉献精神的培养[J]. 经济研究导刊（10）：273，2013.

[42] 李彬. 本色红亮[M]. 西安：西北大学出版社，2018.

[43] 刘向兵，等. 新时代高校劳动教育论纲[M]. 北京：社会科学文献出版社，2019.

[44] 陆士桢，李泽轩. 论新时代中国特色志愿服务的新格局[J]. 中国青年社会科学，38（5）：1-8，2019.

[45] 钟秉林. 中国大学改革与创新人才教育[M]. 北京：北京师范大学出版社，2008.

[46] 范纯别. 大学生综合评价体系构建[J]. 高教发展与评估，2010（9）.

[47] 翟怀远，宋守信，陈明利. 大学生逆境应力的自我检测、评价与提升系统研究[J]. 社会经纬，2008（12）.

[48] 余金成. 劳动论要[M]. 北京：光明日报出版社，2019.

[49] 赵章彬. 高等职业院校劳动文化建设与创新研究[M]. 北京：中国农业大学出版社，2019.

[50] 郑银凤. "95后"大学生劳动观教育研究[M]. 北京：中国社会科学出版社，2020.

[51] 中国劳动关系学院劳动教育中心. 劳动教育评论[M]. 北京：社会科学文献出版社，2020.

[52] 周淑芳. 新时代大学生马克思主义劳动观教育刍论[J]. 学校党建与思想教育（5）：49-51，2019.

[53] 王立新，郑宽明，王文礼. 大学生素质教育概论[M]. 北京：科学出版社，2005.

[54] 马慧琼. 大学生素质教育之我见[J]. 学术月刊，2011（3）.

[55] 石中英. 知识转型与教育改革[M]. 北京：教育科学出版社，2001.

[56] 涂文涛，方行明. 知识经济的人才战略[M]. 北京：中国时代经济出版社，2002.

[57] 张华. "应试教育"与"素质教育"的根本分别[N]. 教育文摘报，1996-05-14.

[58] 周远清. 素质·素质教育·文化素质教育——关于转变高等教育思想观念的再思考[N]. 光明日报，2001-06-26.

[59] 王惠兰. 创新素质教育的内涵及途径刍议[J]. 山东大学学报（哲学社会科学版），2002（4）.

[60] 高江海. 实施素质教育教师应具备五种意识[N]. 光明日报, 2009-18-01.

[61] 张正江. 素质教育是轻视知识的教育吗？[J]. 全球教育展望, 2004（10）.

[62] 赖国强. 试论社会环境与年轻一代的教育[J]. 广西师范大学学报（哲学社会科学版）, 1996（3）.

[63] 赵丁阳. 没有世界观的世界[M]. 北京：中国人民大学出版社, 2003.

[64] 龚海泉. 走进新世纪的高校道德教育[M]. 上海：华中师范大学出版社, 2001.

[65] [法]塞奇·莫斯科维奇. 群氓的时代[M]. 许列民译. 南京：江苏人民出版社, 2006.

[66] 金耀基. 大学之理念[M]. 北京：生活·读书·新知三联书店, 2001.

[67] 哈佛委员会. 哈佛通识教育红皮书[M]. 李曼丽译. 北京：北京大学出版社, 2010.

[68] 林清江. 英国教育[M]. 台北：台清商务印书馆, 1972.

[69] 阿什比. 科技发达时代的大学教育[M]. 滕大春等译. 北京：人民教育出版社, 1983.

[70] 李曼丽. 通识教育——一种大学教育观[M]. 北京：清华大学出版社, 1999.

[71] 姚宇科. 专业教育与通识教育：一种哲学的视角[J]. 浙江社会科学, 2007（4）.

[72] 梁爽. 从《通识教育工作小组初步报告》看哈佛通识课程改革[J]. 比较教育研究, 2007（7）.

[73] 周奔波. 大学通识教育的理论与实践初探[J]. 高教论坛, 2005（4）.

[74] 姚孟春. 论通识教育的必要性及实施途径[J]. 学术探索, 2007（2）.

[75] 杨春梅. 通识教育：本质与路径[J]. 现代教育科学, 2004（4）.

[76] 陈向明. 对通识教育有关概念的辨析[J]. 高等教育研究, 2006（3）.

[77] 苗文利. 中国大学通识教育二十年的理性反思[J]. 南通大学学报, 2007（2）.

[78] 曹莉. 关于文化素质教育与通识教育的辩证思考[J]. 清华大学教育研究, 2007（2）.

[79] 杨春梅. 英国大学专业教育和通识教育融合的实践及其启示[J]. 教育探索, 2011（2）.

[80] 爱因斯坦. 爱因斯坦文集[M]. 许良英等译. 北京：商务印书馆, 1979.

[81] 梅贻琦. 梅贻琦教育论著选[M]. 北京：人民教育出版社, 1993.

[82] 徐蓉. 高校德育教育要以学生素质发展为创新之本[J]. 中国人民大学复印报刊资料（思想政治教育）, 2003（9）.

[83] 刘萍. 素质教育理念下高校校园媒体效能的再思考[J]. 黑龙江教育, 2008（10）.

[84] 教育部思想政治工作司，教育部高等学校社会科学发展研究中心. 大学生思想政治教育"十个如何"研究[M]. 北京：高等教育出版社, 2007.

[85] 石磊. 新媒体概论[M]. 北京：中国传媒大学出版社, 2009.

[86] 陈菊平. 新媒体对高校共青团工作的影响及对策研究[J]. 山东省团校学报, 2010（3）.

[87] 薛荣生. 新媒体对大学生社会化的影响及对策[J]. 理论观察, 2012（5）.

[88] 赵杨. 新媒体背景下大学生思想政治教育工作的创新思考[J]. 思想教育研究, 2011（12）.

[89] 李炳毅. 网络思想政治教育[M]. 兰州：兰州大学出版社, 2005.

[90] 高爱芬, 高卫松. 对大学生使用新媒体的调查分析及德育引导[J]. 思想政治教育研究, 2010（1）.

[91] 朱方. 以校园媒体为平台加强大学生媒介素养教育[J]. 北京城市学院学报, 2008（12）.

[92] 姜恩来. 新媒体环境下的大学生思想政治教育[J]. 高校理论战线, 2009（6）.

[93] 李晶莹. 充分利用校园传媒推进素质教育[J]. 职业技术教育研究, 2005（2）.